U0497946

重庆工商大学资助出版

因财而婚：

宋代财婚现象研究

游君彦 著

西南财经大学出版社
Southwestern University of Finance & Economics Press

中国·成都

图书在版编目(CIP)数据

因财而婚:宋代财婚现象研究/游君彦著.
成都:西南财经大学出版社,2024.12. --ISBN 978-7-5504-6524-4

Ⅰ.K892.22

中国国家版本馆 CIP 数据核字第 2024TT1889 号

因财而婚:宋代财婚现象研究
YINCAI ERHUN:SONGDAI CAIHUN XIANXIANG YANJIU

游君彦　著

策划编辑:陈子豪　何春梅
责任编辑:陈子豪
责任校对:段佩佩
封面设计:何东琳设计工作室
责任印制:朱曼丽

出版发行	西南财经大学出版社(四川省成都市光华村街55号)
网　　址	http://cbs.swufe.edu.cn
电子邮件	bookcj@swufe.edu.cn
邮政编码	610074
电　　话	028-87353785
照　　排	四川胜翔数码印务设计有限公司
印　　刷	四川五洲彩印有限责任公司
成品尺寸	170 mm×240 mm
印　　张	12.75
字　　数	191 千字
版　　次	2024 年 12 月第 1 版
印　　次	2024 年 12 月第 1 次印刷
书　　号	ISBN 978-7-5504-6524-4
定　　价	78.00 元

1. 版权所有,翻印必究。
2. 如有印刷、装订等差错,可向本社营销部调换。

前言

唐宋时期是中国社会的大变革时期，美国著名学者伊沛霞就曾指出：宋代是前所未有的变化时代，是中国漫长的历史中的一个转折点①。这种变化触及政治、经济、文化、社会等各个领域，而婚姻作为其中重要的一环，也被深刻地打上了时代的烙印。然而宋代的婚姻问题在社会史上并不是一个相对独立的问题，它与宋代的社会结构、社会观念、经济发展的变化息息相关。晚唐以降，尤其是入宋以后，随着门阀制度的全面衰落和商品经济的高度发展，人们的择偶观念逐渐发生变化，从"尚阀阅"向"尚资财"转变，婚姻领域的重财风气日趋盛行，而财婚就是其中的一个重要现象。

本书研究选取财婚现象作为研究宋代社会生活的切入视角，不仅在于财婚作为一种婚姻形式，与当时男女个人以及家庭中每个成员的利益休戚相关，更在于财婚作为一种社会行为，在择偶观念的形成、婚姻对象的选择，以及婚姻关系的确立、延续乃至破裂等方面，既与个人与家庭紧密相关，也和当时社会的政治、经济、思想文化环境有密切的关

---

① 伊沛霞. 内闱：宋代的婚姻和妇女生活 [M]. 胡志宏，译. 南京：江苏人民出版社，2004：2.

联。并且这种社会行为被后世承袭下来，逐渐衍变为一种根深蒂固的社会行为和社会习俗。这种社会行为和社会习俗又反过来作用于家庭和社会的稳定、思想文化的进步发展。关于宋代财婚问题目前并没有专门系统的论述，而已有的论文中，在概念上往往把"财婚"与"婚姻论财""婚姻重财"等现象模糊不清，也就不能够正确地认识宋代财婚问题与宋代社会的关系。因此，有必要对宋代财婚问题做专门地、系统地、深入地研究，正确区分财婚与婚姻重财、婚姻论财、一般婚姻的界限，分析财婚现象发生和形成的具体情况，透过宋代财婚现象看宋代社会的巨大变迁。

同时，宋代财婚取代门第婚，不仅是古代婚姻史上的一次重大变革，它所带来的深远影响也能够折射出宋代社会变革的重要内容，是唐宋变革论在婚姻领域的重要体现。此外，宋代财婚现象对明清乃至当今社会的发展仍有着重要的现实警示意义。当下社会中财婚风气仍然存在，财婚与社会发展的关系不仅是社会学者们关注的问题，也是历史学者亟待解决的问题。

需要指出的是，本书是在笔者硕士学位论文的基础上修订完成的，笔者硕士毕业已历经十载，这里要特别感谢我的硕士导师陈国灿先生，没有先生在校期间的谆谆教导和无私帮助，就不会有这本书的面世！也要感谢我在浙江师范大学读硕士期间帮助过我的每一位老师和同学，你们的热情、关怀、笑容都是我这段记忆中的宝贵财富。此外，还要向重庆工商大学马克思主义学院对本书出版费用的资助一并致以由衷的感谢！

游君彦

2024 年 4 月

目录

绪论

党的二十大报告指出，要"着力推动高质量发展，全面推进乡村振兴"，乡村要振兴，婚姻中的彩礼治理则是题中应有之义。近些年农村"天价彩礼"现象引起政府和社会各界的高度关注，也成为乡村振兴的重要绊脚石，乡村中的"天价彩礼"现象以及部分青年"唯财是嫁（娶）"的婚姻观念植根于中国传统婚姻中的财婚风俗。本书以宋代财婚现象为考察对象，以期能够对当今重财的婚姻生态有所警示，为相关职能部门在治理"天价彩礼"现象时提供一定的历史启示。

一、学术史回顾和总结

自 20 世纪以来，随着社会学、人类学的发展，学术界对婚姻、家庭等现实社会问题展开了较深入的研究，其成果也丰富起来。财婚作为婚姻的一种特殊形式，近些年来引起了部分学者的关注，然而目前学者们更多是把目光聚焦于宋代婚姻与家庭、婚姻与女性的财产权、婚姻与法律、婚姻重财（婚姻论财）现象，对财婚问题鲜有具体的论述。由于目前学术界鲜有对宋代财婚做过专门的研究，下面就分别对宋代婚姻与社会、宋代婚姻论财、宋代婚姻与女性的财产权等与财婚相关的研究成果做一番简要的介绍。

有关宋代婚姻与社会的研究，无论是专著还是论文，成果都是比较丰富的。通史类的专著主要有：陈顾远的《中国婚姻史》①、陈东原的《中国妇女生活史》②、马之骕的《中国的婚俗》③、史凤仪《中古古代婚姻与家庭》④、邓子琴《中国风俗史》⑤、陈鹏的《中国婚姻史稿》⑥、陶希圣的《婚姻与家庭》⑦、董家遵的《中国古代婚姻史研究》⑧、顾鸣塘和顾鉴塘《中国历代婚姻与家庭》⑨ 等。这些著作都是从通史的角度探讨婚姻制度的发展及婚俗的演变、婚姻与家庭的关系，其研究重心在社会通史方面，虽然也有涉及宋代婚姻论财方面论述，但是一来缺乏财婚相关的具体论点，二来涉及的篇幅甚少。其中需特别指出的是陈鹏的《中国婚姻史稿》，这是一部史料翔实的婚姻史专著，作者收集了历朝历代有关婚姻论财的大量史料，为本书研究宋代的婚姻论财和财婚奠定了史料基础，但其局限是陈述过多，缺少对史料的详细分析。关于宋代婚姻断代史的研究著作主要有张邦炜的《婚姻与社会（宋代）》⑩，该书在封建婚姻的不平等性、宋代婚姻的特点、妇女再嫁、婚姻观念变化等方面有翔实的论述，张邦炜提出，在唐宋之际婚姻观念发生了变化，具体体现在"士庶通婚成为风俗""后妃不全出自名门""宗室联姻不限门阀"等方面，为宋代财婚的研究提供了理论基础。此外，还有陈高华、

---

① 陈顾远. 中国婚姻史［M］. 北京：商务印书馆，1937.
② 陈东原. 中国妇女生活史［M］. 北京：商务印书馆，1937.
③ 马之骕. 中国的婚俗［M］. 台北：纪世书局印行，1985.
④ 史凤仪. 中古古代婚姻与家庭［M］. 武汉：湖北人民出版社，1987.
⑤ 邓子琴. 中国风俗史［M］. 成都：巴蜀书社，1988.
⑥ 陈鹏. 中国婚姻史稿［M］. 北京：中华书局，1990.
⑦ 陶希圣. 婚姻与家庭［M］. 上海：上海书店出版社，1992.
⑧ 董家遵. 中国古代婚姻史研究［M］. 广东：广东人民出版社，1995.
⑨ 顾鸣塘，顾鉴塘. 中国历代婚姻与家庭［M］北京：商务印书馆，1996.
⑩ 张邦炜. 婚姻与社会（宋代）［M］. 成都：四川人民出版社，1989.

徐吉军等著的《中国风俗通史·宋代卷》①、朱瑞熙所著的《宋代社会研究》②、朱瑞熙等著的《辽宋西夏金社会生活史》③、方建新所著的《中国妇女通史·宋代卷》④ 等书主要都是对宋代社会各方面的论述，虽也有涉及宋代婚姻的部分，提到了宋代财婚现象的存在，由于这些书涉及面太广，所以论述显得比较单一和简单，但为本书对宋代财婚的研究提供了学术借鉴。

近年来有关宋代婚姻论财的研究中，断代婚姻史、区域婚姻史的研究颇引人注意，婚姻中的婚姻论财或者婚姻重财现象也引起了部分学者的关注。张邦炜的《试论宋代婚姻不论阀阅》⑤、方建新的《宋代婚姻论财》⑥ 可以说是较早较全面论述宋代婚姻论财情况的论著；宋东侠的《宋代厚嫁论述》⑦ 对宋代财婚中的厚嫁现象进行了分析，并论述了这种厚嫁之风带来的社会后果；张本顺的《从宋代婚姻法中财婚制看宋代的近世化转型》⑧ 从近世化转型的角度来看待宋代财婚现象，但忽略财婚对社会的一些负面影响和消极作用；李云根的《宋代福建路的财婚现象》⑨ 以宋代福建路财婚现象为着眼点，分析了财婚对当地社会带来的危害和影响，对宋代婚姻论财的观点与前面几篇著作类似，没有进一步指出宋代福建路婚姻论财的特别之处。

---

① 徐吉军，方建新，方健，等. 中国风俗通史·宋代卷 [M]. 上海：上海文艺出版社，2001.
② 朱瑞熙. 宋代社会研究 [M]. 郑州：中州书画社，1983.
③ 朱瑞熙. 辽宋西夏金社会生活史 [M]. 北京：中国社会科学出版社，1998.
④ 方建新. 中国妇女通史 [M]. 杭州：杭州出版社，2011.
⑤ 张邦炜. 试论宋代婚姻不论阀阅 [J]. 历史研究，1985 (6)：26-41.
⑥ 方建新. 宋代婚姻论财 [J]. 历史研究，1986 (3)：178-190.
⑦ 宋东侠. 宋代厚嫁论述 [J]. 兰州大学学报，2003 (2)：62-66.
⑧ 张本顺. 从宋代婚姻法中财婚制看宋代的近世化转型 [J]. 周口师范学院学报，2011 (6)：74-80.
⑨ 李云根. 宋代福建路的财婚现象 [J]. 莆田学院学报，2012 (4)：52-56.

除了有关宋代婚姻论财的研究，还有关于其他时期不同区域的婚姻论财、重财情况的探讨。如顾向明的《中古时期的士庶婚姻及其"卖婚"习俗》① 揭示了唐代山东士族高门卖婚现象；宋中立的《论明清江南婚嫁论财风尚及其成因》②《婚嫁论财与婚嫁离轨——以清代江南为例》③、王跃生的《18 世纪中国婚姻论财中的买卖性质及其对婚姻的作用》④、东静蕾的《清代岭南地区婚姻论财问题研究》⑤、田锋的《近代江南婚嫁论财风气及负面影响》⑥、侯春燕的《近代山西婚嫁论财现象的社会文化现象》⑦ 等对明清时期江南地区婚姻论财现象进行了研究。综观上述文章，其共同点就是没有严格区分婚姻论财（婚姻重财）与财婚的界限，甚至认为婚姻论财就是财婚，往往只是对婚姻论财一般形态现象进行陈述，以及对其原因、影响进行固定化模式的探讨，忽略了对财婚特殊形态买卖婚姻的探究，论述也不够深入和系统。

关于宋代婚姻与女性的财婚权的研究，集中在一些海外学者的研究中，这些研究主要是从法制史的角度出发的，但这或多或少也能够折射出宋代财婚的一些内容。台湾学者柳立言的论文集《宋代的家庭和法律》⑧ 强调从"家法"与女性的角度研究探讨宋代女性财产权的问题。

---

① 顾向明. 中古时期的士庶婚姻及其"卖婚"习俗 [J]. 民俗研究，2002（3）：104：111.

② 宋中立. 论明清江南婚嫁论财风尚及其成因 [J]. 江海学刊，2005（2）：140-146.

③ 宋中立. 婚嫁论财与婚嫁离轨：以清代江南为例 [J]. 社会科学战线，2003（6）：133-137.

④ 王跃生. 18 世纪中国婚姻论财中的买卖性质及其对婚姻的作用 [J]. 中国经济史研究，2001（1）：62-81.

⑤ 东静蕾. 清代岭南地区婚姻论财问题研究 [D]. 桂林：广西师范大学，2008.

⑥ 田锋. 近代江南婚嫁论财风及负面影响 [J]. 福建社会主义学院学报，2001（2）：36-39.

⑦ 侯春燕. 近代山西婚嫁论财现象的社会文化环境 [J] 晋阳学刊，2003（4）：78-81.

⑧ 柳立言. 宋代的家庭和法律 [M]. 上海：上海古籍出版社，2008.

台湾另一位学者游慧远所著的《宋代民妇的角色与地位》①、《宋元之际妇女地位的变迁》② 也探讨了妇女的财产权及其地位问题。在此问题上不得不提及中国大陆的学者袁俐所著的《宋代女性财产权述论》③，此文在欧美以及日本学者中引用率都极高。大陆另一位在此领域较著名的学者邢铁先生在其所著的《家产继承史论》④ 中也有探讨宋代女子财产继承权的问题。日本学者在宋代财产权等问题的研究上成果颇丰，比较有名的有滋贺秀三的《中国家族法原理》一书，书中涉及女性在家族中的法律地位以及妾的法律地位问题。大泽正昭的《唐宋时代の家族·婚姻·女性——妇は强く》中汇集了近年来有关唐宋时代女性问题的数篇论文，从中可见作者对唐宋时代女性财产、婚姻、家族等相关问题有深入研究。此外，中田薰的《唐宋时代的家庭共产制》（1926）对相关问题也进行了研究。日本学界在 20 世纪 80 年代后研究宋代妇女问题的学者主要有柳田节子、大泽正昭、高桥芳郎、永田三枝和板桥真一等人。其中柳田节子的《论南宋时期家产分割中的"女承分"》在学界的影响比较大。欧美学者的研究也受到日本学界的影响，其中西方学者对宋代女性财产问题的专门讨论主要在 20 世纪的八九十年代，比较重要的学者有伊沛霞（Patricia Ebrey）、马伯良（Brian McKnight）、白凯（Kathryn Bernhardt）以及柏清韵（Bettine Birge）等几位。其中伊沛霞的《内闱——宋代的婚姻和妇女生活》⑤ 堪称宋代妇女史作品的典范，对女性的嫁妆和财产权也有较详细论述，该书在妇女的财产权方面的论

① 游慧远. 宋代民妇的角色与地位 [M]. 台北：新文丰出版公司，1998.
② 游慧远. 宋元之际妇女地位的变迁 [M]. 台北：新文丰出版公司，2003.
③ 鲍家麟. 中国妇女史论集续集 [M]. 台北：稻香出版社，1991.
④ 邢铁. 家产继承史论 [M]. 昆明：云南大学出版社，2012.
⑤ 伊沛霞. 内闱：宋代的婚姻和妇女生活 [M]. 胡志宏，译. 南京：江苏人民出版社，2004.

点基本和柏清韵的《宋元妇女、财产和儒学理念——960 至 1368 年》（2002）一书的论点基本相似，二者都认为宋代女性结婚和控制财产权两方面的权力都在逐渐远离儒家标准的"父系继承"。这都是关于宋代女性及其财产权的论述，虽没有直接地论述宋代的财婚问题，但对我们研究宋代财婚仍具有一定的指导意义。

二、"婚姻论财""婚姻重财""财婚"等概念的解释

本书的研究涉及"婚姻论财""婚姻重财""财婚"等几个概念，以及它们之间的关系，需要说明。

目前学界对婚姻问题中的婚姻论财、婚姻重财、财婚等几个词的使用比较混乱，其原因是没有真正理解和仔细区分它们的概念，绝大部分学者把财婚和婚姻论财或者婚姻重财的概念混为一谈，甚至认为财婚就是婚姻论财。薛菁、郭翠梅在《明清福州地区婚姻论财风尚之成因探析》[①] 一文中指出，"婚姻论财亦称'财婚'"，把婚姻论财和财婚概念等同化；张本顺的《从宋代婚姻法中财婚制看宋代的近世化转型》[②] 一文，虽然文题是宋代婚姻法中的财婚制，但通篇讲的无不是宋代的婚姻论财现象；李云根的《宋代福建路的财婚现象》[③] 一文，同样题为宋代福建路的财婚现象，但是内容却都是对福建路婚姻论财现象普及所带来社会问题的表述。此外，方建新、宋东侠、宋立中等其他学者都把目光聚焦于婚姻论财的研究上。事实上，在上述学者所论述的婚姻论财的材料中，就不乏许多财婚的例子，只不过为人所忽视罢了。

---

① 薛菁，郭翠梅. 明清福州地区婚姻论财风尚之成因探析 [J]. 闽江学院学报，2012（1）：25-31.

② 张本顺. 从宋代婚姻法中财婚制看宋代的近世化转型 [J]. 周口师范学院学报，2011（6）：74-80.

③ 李云根. 宋代福建路的财婚现象 [J]. 莆田学院学报，2012（4）：52-56.

婚姻论财即婚姻重财，是指男女双方在婚姻缔结时重视资财的现象。在古代社会男女婚嫁中，婚姻重财的现象比较常见。按照传统仪礼士婚礼的要求，聘财即纳征，是婚姻缔结的确定阶段。《礼记》言："纳聘，财也；征，成也，先纳聘财而婚成。"程颢认为："征，证也，成也，用皮帛以证成娶妇之礼。"① 可见，婚姻中的聘财本是见证男女"合两性之好"的一种礼仪规范，但在实际生活中，礼的意义有时会被突破，使婚姻变成了一种聚敛财富或炫耀权贵的手段。

财婚，即因财而婚，是一种扭曲的、极端的缔婚形式，是指男女双方在议婚时以获取对方的资财作为缔结婚姻目的缔婚形式。可见，财婚具有买卖婚的性质。同时财婚也包括买卖婚，买卖婚是财婚的一种特定形态，它全完撕破了聘娶婚的外衣，这种形态的婚姻如同待价而沽的商品，可以被公开讨价还价，变成了一种赤裸裸的钱与人的交易。因此，财婚的实质是商品经济市场化在婚姻领域里的体现。

关于婚姻论财与财婚的关系。婚姻论财包含了财婚现象，财婚只是婚姻论财的其中一个方面。因此，判断婚姻是否为财婚的重要标志就是看婚姻缔结的目的，即是否以获取对方资财为缔结婚姻的目的。如后文提到的八十岁老叟娶十八岁妙龄女子，女子父母要十万贯钱财做聘礼，非十万贯聘礼不嫁的案例②，就是典型的财婚现象，其婚姻的目的已经全完发生了转移，完全是建立在金钱基础之上，这里的十万贯聘财与卖身钱无异。关于财婚、婚姻论财与一般婚姻的特征与联系详见表1和图1。

---

① 程颢，程颐. 二程集 [M]. 北京：中华书局，2004.
② 程毅中. 宋元小说家话本集（种瓜张老）[M]. 山东：齐鲁书社，2000.

表 1　财婚与婚姻论财（婚姻重财）的特征与含义

类别	特征	联系
婚姻论财/ 婚姻重财	婚姻中有重财现象	财婚是婚姻论财的一部分，婚姻论财包含着财婚。财婚的产生是在婚姻论财普遍盛行的条件下形成的
财婚	以获取资财为目的的婚姻现象	

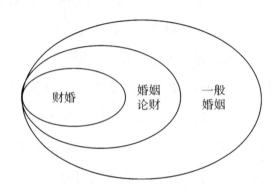

图 1　财婚、婚姻论财、一般婚姻关系

三、本书的基本思路

整体上看，本书从宋代财婚现象与社会变化的角度出发，探讨了财婚的两种形式，一般形态的财婚和特定形态的财婚。针对宋代的财婚现象，结合不同群体的社会反映，进一步分析宋代财婚的特点以及对当时及后世的社会影响，从而论证了宋代财婚取代门第婚不仅仅是一场婚姻领域的变革，折射出宋代社会变革的重要内容，以及对当时乃至后世都产生了重要影响，对今天男女婚嫁中的财婚风气仍有现实警示意义。

具体来讲，本书的研究主要包括绪论、正文主体、结论和附表等内容。

绪论部分：首先，以宋代财婚现象与唐宋社会变迁为出发点，揭示出宋代财婚问题的缘由；其次，对目前学界关于宋代财婚问题相关的学术史进行回顾和总结并提出本书的学术创新点；再次，对"婚姻论财""婚姻重财""财婚"等概念进行阐释，厘清了财婚和婚姻论财的区别和联系，避免将财婚和婚姻论财等同化；最后，阐述了本书的写作思路和研究意义。

本书的主体包括五个章节：

第一章阐述了宋代财婚的历史渊源及社会环境的变化，从财婚的历史溯源着眼，探讨了宋代之前财婚的情况，然后论述了宋代社会环境的变化（包括经济、政治、思想文化、社会观念），这些变化在婚姻领域表现为婚姻重财现象较为普遍，而伴随着婚姻重财现象的普遍，其中的财婚现象逐渐增多并日益流行起来。

第二章，论述了宋代财婚的一般形态，并根据其通婚的典型性，将财婚分为士与商的财婚、官与民的财婚、宗室贵族与富裕平民的财婚以及民间的财婚四种类型，说明了宋代因财而婚的现象早已突破了传统"良贱不婚""士庶不婚"的通婚原则，财婚无论是在地域上、还是阶层上都较为流行，是宋代社会中一种较为流行的婚姻现象。

第三章分析了宋代财婚的特殊形态。宋代财婚的特殊形态主要是指买卖婚姻。由于宋代女性人口买卖的广泛存在，财婚又衍变出特殊的形式，包括卖妻、雇妻、典妻、质妻以及妾的买卖等形式。买卖婚姻的普遍化、正常化、程序化，形成了宋代财婚现象的重要特征。此外，本章还展开了宋代财婚特殊形态的个案考察，以宋代对特殊形式财婚的法律规制——《名公书判清明集》为中心，围绕《名公书判清明集》中有关财婚的司法诉讼案例，探讨宋代政府对买卖婚姻的法律规制，从而更加真实、立体地展示宋代财婚现象在基层社会的具体样貌及带来的系列问题。

第四章探讨了不同群体对宋代财婚问题的社会反映以及因应措施，主要围绕官方的态度和应对措施、士大夫阶层的态度和应对措施、民间的态度及应对措施以及女性自身的态度四个方面展开论述。

第五章为宋代财婚的特点、影响及历史启示。宋代财婚的影响包括对宋代婚姻的影响以及由此引发的一系列的社会问题及对后世的历史启示，鉴于当下的唯财是娶（嫁）、"天价彩礼"的婚姻现象，对如何构建健康、和谐、美满的婚姻提出了一些经营策略。

结语部分，基于以上认识，总结得出宋代财婚既是一场婚姻的变革，同时也是一场社会的变革，对今天社会唯财是娶（嫁）、"天价彩礼"等婚姻现象仍具有现实警示意义。

第一章 "婚姻直取资财":
宋代社会环境的变化
和财婚现象的日益增加

"昏礼者，将合二姓之好，上以事宗庙，而下以继后世也。故君子重之。是以婚礼采纳、问名、纳吉、纳征、请期，皆主人筵及几于庙，而拜迎于门外，入，揖让而升，听命于庙，所以敬慎重、正婚礼也。"①婚姻是人类社会制度的重要组成部分，它关系到家庭的和睦、社会的安定和人口的再生产。陈鹏根据古代典籍的记载以及后儒们的衍绎，大致将婚姻的目的概括为三个方面："曰祭祀，曰继嗣，曰内助。"② 可见，早期儒家只是将婚姻作为保持并延续家族的手段，即所谓的"上以事宗庙，下以继后世"，婚姻礼仪仅仅是一种规范社会秩序、行为的手段，重在婚姻礼仪的外在形式，而不是在物质方面。但随着商品经济迅猛地发展，婚姻的目的也在渐渐发生变化，婚姻不再是一种简单的礼仪

---

① 郑玄. 礼记注疏［M］//纪昀，永瑢. 景印文渊阁四库全书. 台北：台湾商务印书馆，1986：492.

② 陈鹏. 中国婚姻史稿［M］. 北京：中华书局，1900：5.

形式，更多地依赖于财富等物质基础。如恩格斯言："当父权制和一夫一妻制随着私有财产的分量超过共同财产以及随着对继承权的关切而占了统治地位的时候，婚姻缔结便完全依经济上的考虑为转移了。"[1] 晚唐以降，尤其是入宋以来，随着门阀制度的衰落、科举制度的繁荣和商品经济的发展，婚姻领域内的重财风气愈演愈烈，逐渐改变了传统婚姻的基本形态，而财婚在此基础上发展并逐渐流行开来。事实上，婚姻重财在古代封建中较为常见，并非宋代特有，宋以前也不乏财婚的例子。

第一节　财婚的历史溯源

财婚风气始终是伴随着婚姻重财风气的盛行而出现的，而婚姻重财现象起源较早，据史籍记载，该现象在汉代就有出现。富贵之家娶妇嫁女，往往以黄金钱帛为聘，如惠帝纳鲁元公主为后，"聘黄金二万斤，马十二匹"[2]。之后的汉代皇家婚姻便以此为先例，平帝纳王莽女为后，有司上奏，应该遵循孝惠帝纳后的例子，聘"黄金二万斤，纳采雁璧乘马束帛"[3]，耗资之多，远远超过前代，是婚姻重财的典型例子。这桩婚姻，名为礼聘，而礼之所重，实在金帛。因此，一些富贵之家，婚姻必以聘财为先，男非财不得娶，女非财不得嫁，贫者往往难以婚嫁，虽博学知名之士，由于贫穷无财，也不能够娶妻。因此这又具有了财婚的影子，只不过是打着聘财和妆奁的幌子而已。

---

① 中共中央马克思恩格斯列宁斯大林著作编译局编. 马克思恩格斯选集（第4卷）[M]. 北京：人民出版社，1972：75.

② 杜佑. 通典 [M]. 北京：中华书局，1988：1634.

③ 范晔. 后汉书 [M]. 北京：中华书局，1965：443.

晋室南渡以降至隋唐初，门阀等级制度森严，这种风气体现在婚姻的缔结上，便是崇尚阀阅。这种风气在婚姻缔结上的具体体现为良贱不婚、士庶不婚，甚至在世族、士族之间，也严格要求门当户对、阀阅相当，并形成了所谓的"门阀婚姻"。尽管士庶之别甚严，但婚姻重财风气依然不减，财婚现象也逐增多。北魏文成帝在和平四年（463）十二月颁诏：

夫婚姻者，人道之始。是以夫妇之义，三纲之首，礼之重者，莫过于斯。尊卑高下，宜令区别。然中代以来，贵族之门多不率法，或贪利财贿，或因缘私好，在于苟合，无所选择，令贵贱不分，巨细同贯，尘秽清化，亏损人伦，将何以宣示典谟，垂之来裔。今制皇族、师傅、王公侯伯及士民之家，不得与百工、伎巧、卑姓为婚，犯者加罪①。

这则材料严厉批评了士庶通婚的现象，说明自北魏中期以来，婚姻等级制度遭到了严重破坏，出现了一些贵族不守礼法、与庶族为婚的情况。赵翼在《廿二史札记》中就专门探讨过魏晋时期财婚之风及其缘由："魏晋之时，婚嫁多以财币相尚，盖其始高门与卑族为婚，利其所有财贿纷遗，其后遂成风俗，凡婚嫁无不以财币为事，争多竞少，恬不为怪也。"② 在魏晋门阀制度的影响下，高门大族自矜门第，不屑下婚于寒族。而当时朝廷新贵即所谓的"卑族"则羡其门望，纷纷以重财贿婚于高门大族，并以攀附豪门大族为荣耀，便形成了魏晋时期典型的财婚现象。刘宋元嘉十四年（437），广陵大族盛道儿亡，托孤女于妇弟申翼之。后来申翼之将其女嫁给了北乡的寒士严齐息，原因是"丰其礼赂"③。无论是企图获得更多聘财的申翼之，还是为攀附门第的严

① 魏收. 魏书［M］. 北京：中华书局，1974：122.
② 赵翼. 廿二史札记［M］. 北京：商务印书馆，1987：288.
③ 干宝. 新辑搜神记［M］. 北京：中华书局，2007：710.

齐息，他们缔结婚姻的目的已完全发生改变，把婚姻变成了一笔谋取利益的钱权交易。然而值得注意的是，魏晋南北朝财婚现象，多发生在高门大族与富裕的寒族之间，卑族贿婚高门的目的是攀附门阀族望，而以财贿婚仅仅是攀附门第的一种手段而已。这种风气给当时社会和家庭带来了很大的影响，妆奁丰厚者，妇傲舅姑；妆奁俭薄者，姑虐儿媳，严重影响到家庭内部的和睦。北齐人颜之推诚告子孙婚姻勿为财，曾痛斥道："近世嫁娶，遂有卖女纳财，买妇输绢，比量父祖，计较锱铢，责多还少，市井无异，或猥婿在门，或傲妇擅室，贪荣求利，反招羞耻，不可慎与！"① 唐长孺先生在《南朝寒人的兴起》一文中亦指出："关于寒人竭力企图和高门联姻的事，史实甚多。《文选》卷四十沈休文'奏弹王源'云：'自宋氏失御，礼教凋衰。衣冠之族，日失其序，姻娅伦杂，罔记厮庶，贩鬻祖曾，以为贾道，明目腆颜曾无愧悔'，可知宋以来寒门以财物贿赂以联姻士族的风气甚盛。"②

隋唐时期，社会相对稳定，生产力有了进一步的发展，婚姻领域中的重财之风并不亚于前代，男女婚嫁重财，以至于那些少财或无财的青年男女难以及时婚嫁，尤其是对于贫家女子而言，大有难嫁失时的愁苦。从唐代众多的贫女诗中，就可见一斑。白居易曾有诗云：

> 贫为时所弃，富为时所趋，
>
> 红楼富家女，金缕绣罗襦。
>
> 见人不敛手，娇痴二八初，
>
> 母兄未开口，已嫁不须臾。
>
> 绿窗贫家女，寂寞二十余，

① 颜之推. 颜氏家训集解 [M] 北京：中华书局，1993：53.
② 唐长孺. 魏晋南北朝史论丛续编 [M]. 上海：三联书店，1959：95.

荆钗不直钱，衣上无真珠。

几回人欲聘，临日又踟蹰

……①

张碧《贫女》诗云：

岂是昧容华，岂不知机织，

自是生寒门，良媒不相识。②

李山甫《贫女》诗云：

平生不识绣衣裳，闲把荆簪亦自伤，

镜里只应谙素貌，人间多自信红妆。

当年未嫁还忧老，终日求媒即道狂，

两意定知无说处，暗垂珠泪湿蚕筐。③

秦韬玉《贫女》诗云：

蓬门未识绮罗香，拟托良媒益自伤，

谁爱风流高格调，共怜时世俭梳妆。

敢将十指夸纤巧，不把双眉斗画长，

苦恨年年压金钱，为他人作嫁衣裳。④

　　上引诸诗，多是作者自伤不遇，借以写怀，未必实指某人，但是唐代社会因婚姻重财所导致的贫女难嫁之情，由此也可略窥一二。

　　上文仅讨论了婚姻重财风气的流行对普通百姓的影响，而一些士人乃至官僚阶层，则出现了所谓的"卖婚"现象。《新唐书》卷九十五《高重传》载："遭晋播迁，胡丑乱华，百宗荡析，士去坟墓，子孙犹

---

①　彭定求. 全唐诗 [M]. 北京：中华书局，1960：4674.

②　彭定求. 全唐诗 [M]. 北京：中华书局，1960：5337.

③　彭定求. 全唐诗 [M]. 北京：中华书局，1960：7364.

④　彭定求. 全唐诗 [M]. 北京：中华书局，1960：7657.

挟系录，以示所承，而代阀显者，至卖昏求财，汩丧廉耻。"① 卖婚取财者主要是"阀阅显者"，收取的则是"以陪门望"的"陪门财"②。李唐王朝，系出关陇，不尚山东士族。然而山东旧族犹自矜门第族望，"嫁娶必多取资"，时人称之为"卖婚"③。《资治通鉴·唐纪》载："先是，山东人士崔、卢、李、郑诸族，好自矜地望。必多责财币，或舍其乡里而妄称名族，或兄弟齐列而更以妻族相陵。"④ 对此，太宗皇帝下诏痛斥，明令禁止山东旧族的卖婚行为。唐太宗贞观十六年六月诏：

> 氏族之盛，实系于冠冕；婚姻之道，莫先于仁义。自有魏失御，齐氏云亡，市朝既迁，风俗陵替。燕、赵右姓，多失衣冠之绪；齐、韩旧族，或乖德义之风。名不著于州间，身未免于贫贱，自号膏粱之胄，不敦匹敌之仪，问名唯在于窃赀，结褵必归于富室。乃有新官之辈，丰财之家，慕其祖宗，竞结婚媾，多纳货贿，有如贩鬻。或自贬家门，受屈辱于姻娅；或矜其旧望，行无礼于舅姑。积习成俗，迄今未已，既紊人伦，实亏名教。朕夙夜竞惕，忧勤政道，往代蠹害，咸已惩革；唯此弊风，未能尽变。自今已后，明加告示，使识嫁娶之序，务合典礼，称朕意焉。⑤

从一些"新官之辈、丰财之家"纷纷与燕赵之姓，"竞结婚媾，多纳货贿"可知，与望族联姻为时俗所尚，仅凭太宗的几道诏令难以禁止。事实上，唐太宗的诏令非但未能阻止财婚现象的发生，反而激发了人们对聘礼和嫁妆数额的重视，进一步刺激了财婚现象在社会各阶级的

---

① 欧阳修. 新唐书［M］. 北京：中华书局，1975：3843.
② 司马光. 资治通鉴［M］北京：中华书局，1956：6318.
③ 欧阳修，宋祁撰. 新唐书［M］. 北京：中华书局，1975：3840.
④ 司马光. 资治通鉴［M］. 北京：中华书局，1956：6135.
⑤ 王溥. 唐会要［M］. 北京：中华书局，1960：1528.

盛行。除了山东旧族自矜门第行卖婚行为，就连一些朝廷新贵，亦贪利贿财，嫁卖子女。据《大唐新语》记载，许敬宗好利，"纳赀数十万"嫁女于南蛮首领冯盎子及监门将军钱九陇，钱九陇本是皇家人，许敬宗贪图其财，与其联姻，"叙其阀阅"。稍后许敬宗又为其子娶尉迟宝琳孙女，目的是"利其金帛"。在许敬宗去世后，博士袁思认为他"嫁少女于夷落，闻《诗》学《礼》，事绝于趋庭；纳采问名，唯闻于黩货"①。这些所谓的"卖婚"行为其实质就是财婚，婚姻已成为一种有利可图的金钱交易。

孙玉荣对唐代"财婚"的类型和演变脉络进行了辨析和梳理，将唐代"财婚"分为前期山东士族的"财婚"、中后期进士的"财婚"和全社会的"财婚"三种类型，并认为前两类"财婚"并非以钱财本身为目的，而是将钱财作为平衡联姻双方社会地位、政治地位的中介物，只有第三类财婚才是将钱财本身作为追求目标②。但无论是何种类型的财婚，以上事例都足以说明唐代财婚现象较之前代已更为频繁了。

五代之际，干戈纷乱，传统的门阀制度进一步遭到了沉重的打击，根植于门阀制度下的门阀婚姻也随之瓦解。而伴随着唐末五代社会环境的变迁以及城市经济的逐渐繁荣，人们的择偶观念开始发生变化，由隋唐时期"官之选举，必由薄状，家之婚姻，必由谱系"，转变为五代时期的"取士不问家世，婚姻不问阀阅"③。五代后期"士庶婚姻寖成风俗"④，宋朝承五代之弊风，人们择偶时不问阀阅、门第，而唯财是问，使得婚姻问财的现象逐渐增多起来，婚姻领域的重财之风气日趋盛行，

---

① 刘昫. 旧唐书 [M]. 北京：中华书局，1975：2764.

② 孙玉荣. 论唐代社会变革期的"财婚" [J]. 华中科技大学学报（社会科学版），2013（4）：129-135.

③ 郑樵. 通志二十略 [M]. 北京：中华书局，1995：1.

④ 龙衮. 江南野史 [M]. 郑州：大象出版社，2019：114.

各种形式的财婚现象大量涌现，乃至成为宋代社会婚姻中较为普遍的现象。上至宗室姻亲，官僚士人，下至普通百姓，甚至娼妓杂类等，争先以财婚相尚，"不问阀阅，直取资财"成为宋代婚姻的一个显著特征。

由上文的论述可知，财婚现象起源甚早，在汉代的部分婚姻中就已出现重财现象，魏晋和隋唐时部分官僚为攀附门第的卖婚行为实质就是财婚。值得注意的是，宋代之前的财婚现象与宋代的财婚现象是有区别的。魏晋和隋唐时的财婚只是零散现象，仅仅流行于部分攀附门第的寒族与士族之间，它并没有成为当时社会婚姻的普遍形式，也没有对当时社会造成太大影响。当时社会婚姻的主流形式仍然是门阀婚姻，以财贿婚只是攀附门第的一种手段，因此宋代之前的财婚仅仅是隶属于门阀婚的一种表现形式。迨及宋代，伴随着门阀制度的瓦解，门阀婚姻逐渐淡出人们的视线，财婚成为宋代社会婚姻的普遍形式，并对宋代乃至以后世造成了深远的影响。究其原因，这主要是宋代特殊的社会环境与时代变迁所造成的。表1-1为宋代以前的财婚与宋代财婚现象的比较。

表1-1　宋代以前的财婚与宋代财婚现象比较

类型	发生范围	婚姻目的	社会影响
宋代以前的财婚现象	部分寒族与高门望族之间	攀附门第，以财贿婚是攀附门第的一种手段	进一步巩固了门第婚，门阀婚是当时社会的主流和普遍的婚姻形式
宋代的财婚现象	社会各个阶层	以获取对方的资财为直接目的	突破了良贱不婚、士庶不婚的等级限制，进一步冲击着门第婚姻，财婚日益成为社会普遍流行的婚姻形式

第二节　宋代社会环境的变化

唐宋之际，中国历史发生了巨大的转变，学界称之为"唐宋变革"（the Tang—Song transformation）①。反映在婚姻领域，其具体表现为人们的婚姻观念、婚姻形式的变化——魏晋隋唐门阀婚姻的衰落以及财婚的流行。正如陈东原所说，"宋代实在是妇女生活的转变时代"②，与唐代重视贵族门第的名望主义婚姻转型至宋代重视政治前景的实力主义婚姻的大背景有关③。明代陈邦瞻在《宋史纪事本末·叙》中就指出宋代社会较之前代发生了巨大变化，"宇宙风气，其变之大者有三：鸿荒一变而为唐、虞，以至于周，七国为极；再变而为汉，以至于唐，五季为

---

① 唐宋变革论的说法最是早由日本京都学派鼻祖内藤湖南（1866—1934）提出，他认为中国历史从中古转变为近世是发生在唐宋之交时期，后来他的弟子宫崎市定（1901—1995）在此基础上对这一说法做了进一步阐释补充。目前史学界基本认可唐宋之际中国封建社会曾发生了一系列巨大的变化，中国历史从中古转变为近世。但是关于其起止时间，学界仍存在一定的争论。唐宋变革的起点，一般认为始于中唐（8 世纪），陈寅恪则认为"唐代之史可分为前后两期，前期结束南北朝相承之旧局面，后期开启赵宋以降之新局面。关于政治社会经济者如此，关于文化学术者亦莫不如此"，所谓的"唐宋变革"就是"中唐变革"（陈寅恪. 金明馆丛稿二编 ［M］. 上海：上海古籍出版社，1980：296）。费正清也认为中唐是中国古代和近代的分界点，"六朝与初唐在许多方面都说得上是中国古代史的最后一个阶段，晚唐与宋则属于近代中国历史的第一阶段"（费正清. 中国：传统与变迁 ［M］. 北京：世界知识出版社，2002：134）。张国刚则认为这种变化并非社会性质的变革，唐宋时期的社会变革应看做中国"前近代时期这个完整历史阶段之内的变化"（张国刚. 论"唐宋变革"的时代特征 ［J］. 江汉论坛，2006（3）：89-93）。至于迄止时间，因研究主题不同，出现了诸多说法：一是下迄北宋初年开始，这是最早的说法，即近世从宋初开始；二是下迄北宋中叶，如欧阳修古文运动的胜利，近世则从北宋中叶开始；三是下迄北宋末年，认为近世从南宋初年开始。（柳立言. 何谓"唐宋变革"？［J］. 中华文史论丛，2006（1）：125-171.）

② 陈东原. 中国妇女生活史 ［M］. 台北：商业出版社，1980：139.

③ Patricia Ebrey. Women and the Family in Chinese History ［M］. London：Routledge，2003：62-88；张邦炜. 宋代婚姻家族史论 ［M］. 北京：人民出版社，2003：39-61.

极；宋其三变，而吾未睹其极也"①。故本书分别从宋代的经济、政治、思想文化及社会观念等方面的变化着手，分析了这些变化与财婚的关系。

从经济发展的角度来看，中国封建社会在唐宋时期进入了其鼎盛阶段，生产力得到了极大提高，整个社会经济获得了空前的发展。而宋代较之唐代，又达到了一个新的高度，其突出表现为商业活动由单纯的商品买卖和互通有无上升为专业化的产业体系，从而促进了经济领域商品化、市场化水平的显著提升。与此相联系，土地的交易也更加频繁，魏晋和隋唐时期的均田制到宋代已完全退出历史舞台，赵宋王朝采取的是"田制不立""不抑兼并"的新土地政策，私人占有的土地已远远超过国家占有的土地②，这就促进了以土地交易为核心的商品经济的繁荣。宋人称"千年田换八百主"③，东京"每一交易，动即千万，骇人闻见"④。土地交换的频繁，货币流通的加快，都使得个体私权观念进一步膨胀，金钱、土地、资产等成为了世人汲汲追求的东西。这些变化反映在婚姻领域中，即妇女也逐渐商品化、市场化，使婚姻深深打上了商品经济的烙印，完全撕破了"聘娶"形式的外衣，男女婚嫁变成了讨价还价的商品交易、市场买卖，娶妇嫁女如同"驵侩鬻奴卖婢"⑤。另外，在人们的经济活动中，契约关系是一种重要的经济交往形式，而这

① 陈邦瞻. 宋史纪事本末 [M]. 北京：中华书局，2015：1191.
② 宋代经济史学家漆侠所认为，宋代"封建国家土地所有制继续衰落，而土地私有制则得到更进一步的发展，并居于绝对的优势地位"。[漆侠. 中国经济通史（宋代经济卷. 上册）[M]. 北京：经济日报出版社，1999：382.]
③ 辛弃疾. 辛弃疾编年笺注 [M]. 北京：中华书局，2015：1312.
④ 孟元老. 东京梦华录笺注 [M]. 北京：中华书局，2007：144.
⑤ 司马光. 书仪 [M] // 纪昀，永瑢. 景印文渊阁四库全书. 台北：台湾商务印书馆，1986：476.

种关系也逐渐渗透到婚姻关系中，故而在议婚之初，在交换草帖、定帖时就必须详细列出聘礼、妆奁的数目，以作为缔结婚约的重要依据。然而一旦成婚，则公开地"计较装橐，要约束缚，如诉牒"①。

从政治发展的角度来看，宋代社会结构的变化以及科举制度的发展为财婚风气的流行带来新的契机。一方面，隋末农民起义时，"得隋官及士族子弟，皆杀之"②。再经唐末农民大起义，"故唐公卿之族，遭乱丧亡且尽"③。而到宋朝，唐朝崔、卢、李、郑及城南韦、杜等显著大族，已"绝无闻人"④。许多豪门旧族在战乱中被摧毁，魏晋和隋唐以来的门阀制度受到了沉重的打击。与此同时，宋朝科举制度进一步发展，使大批出身于庶族的孤寒之士经由科举走向仕途。宋人称："本朝人尚科举，显人魁士皆出寒畯。"⑤科举制的发展，使得出身庶族的中小地主阶级有了入仕从政的机会，使其社会地位可以大幅提高，人们不再以攀附豪门望族为荣，而是以"子为进士，而女嫁士大夫"最为满足⑥。另一方面，进入宋代后，伴随着经济的繁荣，以工商人员为主体的市民阶层发展壮大起来，改变了传统士、农、工、商身份等级差别为城乡居民的职业区分，宋政府将编户齐民划分为坊郭户和乡村户，便反映了这种社会变动。因此，唐末五代干戈纷乱，沉重打击了魏晋隋唐的门阀制度，宋代科举制度的发展对门阀士族形成了几乎毁灭性的冲击，

---

① 司马光. 书仪 [M] //纪昀，永瑢. 景印文渊阁四库全书. 台北：台湾商务印书馆，1986：476.

② 司马光. 资治通鉴 [M]. 北京：中华书局，1956：5715.

③ 欧阳修. 新五代史 [M]. 北京：中华书局，1974：301

④ 王明清. 宋元笔记小说大观 [M]. 上海：上海古籍出版社，2001：3587.

⑤ 赵彦卫. 云麓漫钞 [M]. 北京：中华书局，1996：116.

⑥ 王令. 广陵集 [M] //纪昀，永瑢. 景印文渊阁四库全书. 台北：台湾商务印书馆，1986：550.

并为庶族士人的兴起提供了条件，而伴随商业繁荣，以工商人员为主体的市民阶层发展壮大起来。这些新的变化反映在婚姻领域，即门阀婚姻的衰落，人们不再以攀附门第、族望为荣，而是转向了资财、功名等更为实际的因素，这就为宋代财婚的流行创造了条件。

从思想文化的角度来看，宋代实利主义思想盛行，其中以叶适、陈亮为代表的事功学派与理学派形成对垒之势，他们公然言利，反对理学家空谈义理，他们疾呼："功到成处便是德，事到济处便是理。"① "既无功利，则道义者乃无用之虚语尔"②，他们"明确反对传统儒学所强调的重义轻利观点，主张承认人们逐利求富欲望和行为的合理性"③。南宋诗人张端义从历史演进的角度，通过比较得出了宋人贪图名利的性格特征，他认为汉朝人尚气好博，晋代人尚旷好醉，唐朝人尚文学好女色，宋朝人则崇尚名利贪图富贵④。宋人这种好名利的思想遭到了一些士大夫的严厉斥责，北宋理学家游酢批评道："天下之患，莫大于士大夫无耻。士大夫至于无耻，则见利而已，不复知有他，如入市而攫金，不复见有人也。"⑤ 北宋的蔡襄指出，"贪人非独不知羞耻，而又自号材能，世人耳目既熟，不以为怪"⑥。这些说明了宋人好贪好利的思想在宋代已经不足为怪了。严复也认为，历史上人心政俗的变化，"赵宋一

① 陈傅良. 止斋文集［M］//纪昀，永瑢. 景印文渊阁四库全书. 台北：台湾商务印书馆，1986：781-782.
② 叶适. 习学记言序目（汉书下）［M］. 北京：中华书局，1977：324.
③ 方如金，方同义，陈国灿. 陈亮与南宋浙东学派研究［M］. 北京：人民出版社，1996：177.
④ 张端义. 贵耳集［M］//纪昀，永瑢. 景印文渊阁四库全书. 台北：台湾商务印书馆，1986：459.
⑤ 吕祖谦. 宋文鉴［M］. 北京：中华书局，1992：912.
⑥ 蔡襄. 端明集［M］//纪昀，永瑢. 景印文渊阁四库全书. 台北：台湾商务印书馆，1986：510.

代最宜究心"①。这种"好功利"的思想在婚姻领域,直接表现为唯财是婚的行为逐渐增多,财婚风气滋生。

从社会观念的角度来看,进入宋代后社会观念发生了极大的变化,一是门阀观念的薄弱,在婚姻领域,表现为"取士不问家世,婚姻不问阀阅"②。从汉末至魏晋南北朝,是中国古代社会最崇尚门阀的时代,建立在门阀制度下的门阀婚姻一直持续到唐代。甚至唐朝后期,民间婚嫁仍"不计官品而上阀阅"③。但唐末五代的农民起义,对门阀大族给予了沉重的打击,五代以降,伴随着科举制度的逐渐完善,庶族士人纷纷兴起,门阀制度逐渐被削弱乃至被摧毁,植根于门阀制度下的门阀婚姻也逐渐被瓦解,尚阀阅的婚姻观念逐渐淡薄。五代后期,"士庶婚姻寖成风俗"④。正如南宋人赵彦卫在《云麓漫钞》中所指:"唐人推崔、卢等姓为甲族,虽子孙贫贱,皆家世所重。今人不复以氏族为事,王公之女,苟贫乏,有盛年而不能嫁者;闾阎富室,便可以婚侯门、婿甲科。"⑤南宋著名史学家郑樵更有一段精辟的叙述和分析:

自隋、唐而上,官有簿状,家有谱系,官之选举必由于簿状,家之婚姻必由于谱系。历代并有图谱局,置郎、令史以掌之,仍用博古通今之儒知撰谱事。凡百官族姓之有家状者则上之,官为考订详实,藏于秘阁,副在左户。若私书有滥,则纠之以官籍;官籍不及,则稽之以私书。此近古之制,以绳天下,使贵有常尊,贱有等戚者也。所以人尚谱

① 王拭. 严复集 [M]. 北京:中华书局,1986:668.
② 郑樵. 通志二十略 [M]. 北京:中华书局,1995:1.
③ 宋祁,欧阳修. 新唐书 [M]. 北京:中华书局,1975:5205-5206.
④ 龙衮. 江南野史 [M]. 郑州:大象出版社,2019:114.
⑤ 赵彦卫. 云麓漫钞 [M]. 北京:中华书局,1996:51.

系之学，家藏谱系之书。自五季以来，取士不问家世，婚姻不问阀阅，故其书散佚而其学不传。①

至宋代，随着科举制度的进一步发展、完善，宋代社会各阶级、各阶层变动加剧，门望与阀阅逐渐淡出人们的视野，婚姻选择已经不再注重对方先世的阀阅，门阀婚姻作为一种婚姻制度，从此彻底地退出了历史舞台。"婚姻不问阀阅"在历史上的意义是显而易见的，如果说"家之婚姻必由于谱系"是门阀政治的重要支柱之一，那么，"婚姻不问阀阅"便是官僚政治的一个有力杠杆。宋代"婚姻不问阀阅"代替"必由谱系"，显示历史的车轮已经迈过严格的门阀政治时期，进入了典型的官僚政治阶段。封建婚姻制史上的这一变革，无疑是个历史性的重要进步②。

宋代重商、重财、重生的观念日益流行。就重商观念而言，它颠覆了"农本商末"的传统经济观，将商业视为社会经济不可或缺的部分，认为"官民一家也，农商一事，上下相恤，有无相通"③。于是，经商成为人们谋求富裕的常规途径。"今世积居润屋者，所不足非财也，而方命其子若孙，倚市门，坐贾区，俯取仰给，争雉刀之末，以滋贮储"④，这种观念使得男娶女嫁成为一种商品交易活动，"明立要约，有同鬻卖"⑤。就重财观念而言，它颠覆了"重义轻利"的传统伦理观，将逐利求财视为改变身份和地位的有效途径。为了追逐财利，许多人甚

① 郑樵. 通志二十略 [M]. 北京：中华书局，1995：1.
② 张邦炜. 试论宋代婚姻不问阀阅 [J]. 历史研究，1985 (6)：26-41.
③ 陈亮. 陈亮集 [M]. 北京：中华书局，1987：140.
④ 范浚. 范浚集 [M]. 杭州：浙江古籍出版社，2015：214.
⑤ 李焘. 续资治通鉴长编 [M]. 北京：中华书局，2004：6627.

至可以罔顾伦理，不择手段。"父子兄弟不相孝友，乡党邻里不相存恤，惟争财竞利为事，以至身冒刑宪、鞭笞流血而不知止。"①在这种观念下，为财而婚也就成为一种自然的现象。"衣冠之家随所厚薄，则媒妁往返，甚于乞丐，小不如意，弃而之它；市井驵侩出捐千金，则贸贸然而来，安以就之。"②就重生观念而言，它颠覆了"节俭安贫"的传统生活观，讲求生活的富足和物欲享受。宋孝宗淳熙四年（1177 年），台州临海知县彭仲刚在《续喻俗五篇》中感叹道："今世之人，不知以俭为美德，而反以俭相鄙笑，往往纵目下之欲而不恤后来，饰一时之观而不顾实惠……见利忘义，苟求妄取，兼并争夺，放僻邪侈，无所不为。"③这种竞奢享乐风气弥漫于社会各阶层，不惟素官为之，而初仕亦效其尤；不惟巨室为之，而中产亦强仿之"④。这种思想反映在婚姻领域，为夫者"视娶妻如买鸡豚"，为妻者"视夫家如过传舍"，"偶然而合，忽尔而离，淫奔诱略之风久而愈炽"⑤。

需要指出的是，宋代"婚姻不问阀阅，直取资财"，绝不是说宋代缔结婚姻已不重视门第。方建新在《宋代婚姻论财》一文中曾指出："我们说宋代缔结婚姻，'不顾门户，只求资财'，这是同前代比较而言，绝不是说宋代男女婚嫁已根本不讲门第。事实上，在宋代各个不同

---

① 陈耆卿. 嘉定赤城志 [M] //中华书局编辑部. 宋元方志丛刊. 北京：中华书局，1990：7572.

② 吕祖谦. 宋文鉴 [M]. 北京：中华书局，1992：905.

③ 陈耆卿. 嘉定赤城志 [M] //中华书局编辑部. 宋元方志丛刊. 北京：中华书局，1990：7579.

④ 王迈. 臞轩集 [M] //纪昀，永瑢. 景印文渊阁四库全书. 台北：台湾商务印书馆，1986：450.

⑤ 陈耆卿. 嘉定赤城志 [M] //中华书局编辑部. 宋元方志丛刊. 北京：中华书局，1990：7577.

的时期，各个不同的阶级、阶层择偶的标准虽然不都相同，可总的还是要求'门当户对'，而当时的法律也规定'良贱不婚'。但是，宋代在婚姻问题上表现出来的门第观念的相对淡薄，更加注重聘财嫁妆的风气盛行，的确是一种不同于前代的新情况。它使在聘娶形式外衣掩盖下的封建买卖婚姻，不但日趋严重化，而且表现得更加表面化、公开化，以致成为一个突出的社会问题，从而说明，中国封建社会进入宋代以后，人们的婚姻观念有了较明显的转变。这种转变，是历史发展的产物，也是宋代政治、经济、文化发展的结果。"①

第三节　财婚现象的日益增加

一、宋代婚姻论财现象的流行

伴随着宋代城市经济的繁荣、门阀制度的瓦解、门第观念的淡薄、奢靡之风的兴起，人们的择偶观念从"重阀阅"向"重资财"转变，宋代婚姻论财之风愈演愈烈，聘财的多少和妆奁的厚薄成了人们缔结婚姻的重要条件。关于宋代婚姻论财风气可从以下两个方面进行深入探讨。

其一，从婚姻缔结的过程来看，宋代缔结婚姻，往往在议婚时，双方先要交换草帖，各自卜吉，再交换定帖。陈元靓的《事林广记》和刘应李的《翰墨全书》载有这种草帖和定帖的格式，如图 1-1 所示。

---

① 方建新. 宋代婚姻论财 [J]. 历史研究，1986 (3)：178-190.

女家草帖正式　　　　男方草帖正式

女家草帖正式

某某州某县某官

右见议亲次

　月　日　草帖

曾祖　某官
祖　　某官
父　　某官
一、三代

一、本宅某位几小娘子某年某月生
一、母姓氏
一、奁田若干
一、奁具若干

男方草帖正式

某某州某县某官宅或云寄居

右见议亲次

　月　日　草帖

曾祖　某官
祖　　某官
父　　某官
一、三代

一、本宅几宣教某年某月生
一、母姓氏有封号则具

男家定帖　　　　女家定帖

男家定帖

尚

赖素风之旧。既

令龟而叶吉，将奠雁以告虔。敬致微诚，愿闻

嘉命。伏惟合台慈特赐

鉴察

年　月　日具位姓某

具位　某

右某伏承

亲家某人谨以第几院小娘与某男议亲言。

念蠲豆笾之荐，聿修宗事之严躬并臼之劳，

　　　　　　定帖

女家定帖

具位　某

右某伏承

亲家某人以第几令似与某女缔亲言。念立

冰既兆适谐凤吉之占；种玉未成，先拜

鱼笺之笼。虽若太简，不替初心，自愧家贫，

莫办帐幄之具。敢祈终惠，代加

筐篚之资。谅惟

台慈特赐

鉴察

年　月　日具位姓某

　　　　　　定帖

图 1-1　宋代婚姻草帖和定帖格式

从图 1-1 知，在草帖、定帖上，男女双方要注明年龄、生辰、父母官职，此外男方还要标明聘礼内容及数目，女方则要列举随嫁妆奁明细，这与《梦粱录》中关于草帖、定贴的格式记载大致相同。"婚娶之礼，先凭媒氏，以草帖通于男家"，男方以女方的草帖问卜或者祷签，得吉无克，亦出草帖，回复女方。再相互交换定帖，"帖中序男家三代官品职位名讳，议亲第几位男，及官职年甲月日吉时生……将带金银、田土、财产、宅舍、房廊、山园俱列帖子内"，女方的回帖应"具列房奁、首饰、金银、珠翠、宝器、动用、帐幔等物，以及随嫁田土、屋业、山园等"①。此外，陈元靓在《事林广记》中记载，官府规定婚娶两家在行聘礼时，必须"书名画字，写立合同文约，具列往回聘礼"。可见，行定聘礼如同缔结合同文约，应详细列举聘礼嫁妆的明细，这样做的主要目的，是以此作为双方缔结婚姻的参考和依据，可见婚娶资财在当时人们心中占有多么重要的地位。

其二，从婚姻的主要构成要素——聘财和妆奁的数量和内容上来看，较之前代，宋代婚姻中聘财和妆奁的数量大大超过前代，聘财和妆奁的形式由以前的实物不断向货币转化，金钱财物在聘礼嫁妆所占的比重增大。《梦粱录》中有关于聘财内容的详细记载，主要包括日用器具、衣服首饰，牲畜食品，以及大量的金银钱币②，可见，宋代聘财的内容十分丰富且货币金银充当聘财的现象较多。至于聘财的具体数目，可以从历朝典律中对士大夫及庶民娶妻聘财数量的条例规定分析得出（见表 1-2）。

---

① 吴自牧. 梦粱录 [M]. 郑州：大象出版社，2019：413.
② 吴自牧. 梦粱录 [M]. 郑州：大象出版社，2019：413.

表 1-2　唐、宋、金、元典章中有关聘财、妆奁的内容和数量的规定

时间	聘财	妆奁	资料来源
唐显庆四年 （659）	天下嫁女受财，三品以上之家，不得过绢三百匹；四品、五品不得过绢二百匹；六品、七品不得过绢一百匹；八品以下不得过绢五十匹		杜佑：《通典》卷58《嘉礼三》，中华书局 1988 年版，第1653 页
宋仁宗 （1023—1063）	娶妇支二十贯，再娶不支	嫁女支三十贯，再嫁二十贯	范仲淹：《范文正公文集》卷8《义庄规矩》，中华书局1985版，第98 页
宋英宗 （1064—1067）	娶妇者三十千（三十贯），再娶者十五千（十五贯）	嫁女者五十千（五十贯），再嫁者钱三十千（三十贯）	吕祖谦：《宋文鉴》卷80《义田记》，中华书局1992 年版，第1 158 页
南宋高宗 （1127—1162）	子孙如有婚嫁，每分各给五百贯，男女同		赵鼎：《家训笔录》，《丛书集成初编》本，（第974册），第3 页
金朝 （1115—1234）	一品不得过七百贯，三品以上不得过五百贯，五品以上不得过三百贯，六品以下及商户庶人不得过二百贯，中下户不得过一百贯。若婚嫁和同，不以等数为限		宇文懋昭：《大金国志》卷35《官民婚聘财礼仪》，中华书局1986 年版，第501－502 页
	制民庶聘财为三等：上百贯，次五十贯，次二十贯		脱脱等撰：《金史》卷9《章宗纪一》，中华书局1975 年版，第261 页

表1-2（续）

时间	聘财	妆奁	资料来源
元至元八年（1271），即南宋咸淳七年（1271）	中书省奏定："婚姻聘财，表裹头面诸物在内，并以元宝钞为则，以财畜折充。"品官聘财数目规定为："一品、二品五百贯，三品四百贯，四品、五品三百贯，六品、七品二百贯，八品、九品一百二十贯。庶人、上户一百贯，中户五十贯，下户二十贯。"		陈高华等点校，《元典章》，天津古籍出版社2011年版，第614页
元大德八年（1304）	上户金一两、银五两，彩缎六表裹、杂用绢四十匹，中户金五钱、银四两、彩缎四表裹、杂用绢四十匹，下户银三两，彩缎而表裹，杂用绢一十五匹		

表1-2反映了唐、宋、金及元初的法律对品官和庶民娶妇聘财数目的规定。宋代聘财的具体数目，正史里尚未发现，但在范仲淹的《义庄规矩》及南宋宰相赵鼎的《家训笔录》中对家族子孙娶妇聘财的规定，分别能代表两宋时期普通庶民及品官之家娶妇聘财的数量。由表1-2不难发现，金元时期朝廷对各品第官员规定的聘财显然比唐代多，而金朝与元初相比，品官聘财数目大致持平，金朝略高；至于庶民聘财，《金史》与《元典章》中的规定基本相同。这在一定程度上能够反映出宋代品官与庶民聘财的情况，因为聘财的增加有一个由低到高的变化过程。再根据北宋范仲淹的《义庄规矩》和南宋赵鼎的《家训笔录》

中的记载，南宋丞相赵鼎规定子孙婚嫁各给五百贯，这与元初朝廷对一二品官员聘财五百贯的规定相符。而范仲淹对族中贫困子弟娶妇聘财的资助先是二十贯，后在重修义庄时规定为三十贯，与《金史》中下等庶民的聘财大致相符。但这只是资助聘财的费用，实际上的开销是不止这些的。当然，这些只是国家法律或大家族的规定，并不能直接地等同于当时社会中实际的聘财数目，而朝廷的诏令则对当时婚聘数目有着直接的引导或规范作用。因此，与前代相比，可以明显看出宋代的聘财数量大大增加，聘财内容也由唐代的绢布等实物逐渐向货币、实物混合转变。

至于妆奁，南宋时，法律规定妇女的奁产为："未嫁均给有定法。诸分财产，未娶者与聘财，姑姊妹在室及归宗者给嫁资，未及嫁者则别给财产，不得过嫁资之数。"① 而在实际婚姻生活中，出嫁女子携带的奁产更为丰厚。从《梦粱录》《事文类聚》等文献记载可知，宋代不仅妆奁内容十分丰富，数目也十分可观，金银器皿及钱财在整个嫁妆中所占份额较大，部分富贵人家奁产还包括奁田、房屋等不动产。《事文类聚》中记载："世俗未聘之先议亲定帖，已先具奁房礼数，大数田亩若干，妾使若干，丝缎、金银匹两若干，谓之细数。"吴自牧在《梦粱录》卷二十《嫁娶》中，详细列举了奁产的情况："女家回定帖，亦如前开写，及议亲第几位娘子，年甲月日吉时生，具列房奁、首饰、银、珠翠、宝器、动用、帐幔等物，及随嫁田土、屋山园等。"② 宋人杨和王第六女改嫁向子丰时，杨和王"厚以金缯花果以遗其女，且拨吴门

---

① 中国社会科学院历史研究所宋辽金元史研究室. 名公书判清明集 [M]. 北京：中华书局，1987：217.

② 吴自牧. 梦粱录 [M]. 郑州：大象出版社，2019：413.

良田千亩以为粥米，逮今向氏家有昆山粥米庄云"①。南宋法官王留耕在判词中说："照得虞艾存日，娶陈氏，得妻家标拨田一百二十种，与之随嫁。"② 景定元年（1260 年），郑太师的长女庆一娘与潘少卿宅知县万八新恩为亲，郑大师送给女儿"奁租五百亩、奁具一十万贯、十七界。缔姻五千贯，十七界"③。宋代著名学者孙介，"初，有田三十亩，娶同县张氏，得奁资十亩"④。宋人吴贡士"前室既亡""再娶王氏"，王氏"原有自随田二十三种"⑤。学人邢铁认为，宋代较为富庶民户一般给予女儿的奁田数在 60~70 亩（1 亩≈666.7 平方米）⑥。这些都是不同于前代的一些新变化，也是导致宋代婚姻论财现象出现的一个重要因素。

二、财婚现象的日益增加

由上可知，进入宋代，婚姻论财的风气已成为一种较为普遍的社会现象。财婚风气正是在婚姻论财十分盛行的环境下日益强劲的。当然，财婚现象的流行不是一蹴而就的，而是一个逐渐变化发展的过程。唐末五代时，随着门阀制度的崩溃，根植于门阀制度下的门阀婚姻也逐渐衰落，人们的择偶观念开始发生变化。隋唐时期，"家之婚姻，必由于谱系"；五代时，"取士不问家世，婚姻不问阀阅"⑦，民间"士庶通婚蔚

---

① 周密. 齐东野语 [M]. 北京：中华书局，1983：108.
② 中国社会科学院历史研究所宋辽金元史研究室. 名公书判清明集 [M]. 北京：中华书局，1987：248.
③ 叶盛. 水东日记 [M]. 北京：中华书局，1980：87.
④ 曾枣庄，刘琳. 宋文 [M]. 上海：上海辞书出版社，2006：297.
⑤ 中国社会科学院历史研究所宋辽金元史研究室. 名公书判清明集 [M]. 1987：365-366.
⑥ 邢铁. 宋代的奁田和墓田 [J]. 中国社会经济史研究，1993 (4)：36-53.
⑦ 郑樵. 通志二十略 [M]. 北京：中华书局，1995：1.

然成风"；进入北宋后，伴随着封建商品经济的发展，重财重利思想的盛行，婚姻论财成为一种非常普遍的社会现象，而财婚也在此环境下日益增多并逐渐流行起来，财富成为了不少宋人选择缔婚对象的重要标准，这从时人的一些评议中便可窥见一斑。司马光在讨论家庭法则时议论道：

昏娶而论财，鄙俗之道也。夫婚姻者所以合二姓之好，上以事宗庙，下以继后世。今世之贪鄙者，将娶妻，先问资装之厚薄，将嫁女，先问聘财是多少①。

北宋另一位名臣蔡襄对于财婚的鄙俗之风提出了更深刻的批评：

婚娶何谓？欲以传嗣，岂为财也。观今之俗，娶其妻不顾门户，直求资财，随其贫富，未有婚姻之家不为怨怒②。

而宋代的史料《琴堂谕俗编》中也有类似蔡襄的评论，

而今之俗，每不能然。将娶妇，惟问资装之厚薄，而不问其女之贤否；将嫁女，惟问聘财之多少，而不问婿之如何。及其成亲而悔之，则事无及矣。又有始者妇家责聘财之少，而不还其亲；终也婿家怒资装之薄，而欲遣其妇。婚姻之家结为仇敌，甚至激闺门之变而破家荡产者有之。文中子曰：婚娶论财，夷虏之道也。君子不入其乡。为其知利而不知义也③。

这三段材料都表达了宋人对财婚现象的批判。司马光从婚姻的目的出发，指出财婚是"鄙俗之道也"，偏离了婚姻"上以事宗庙，下以继

① 司马光. 书仪 [M] //纪昀，永瑢. 景印文渊阁四库全书. 台北：台湾商务印书馆，1986：475.

② 吕祖谦. 宋文鉴 [M]. 北京：中华书局，1992：1504.

③ 郑玉道，彭仲刚. 琴堂谕俗编 [M]. 郑州：大象出版社，2019：39-40.

后世"的最初目的。蔡襄则从传嗣的角度，批评"不顾门户，直求资财"的婚姻现象，并揭露出了财婚带给社会的危害。第三则材料则进一步揭露婚娶惟问"资装之厚薄"，而不问"女之贤否""婿之如何"的风气，将财婚以获取资财为目的，以婚姻为交易手段的本质揭露得淋漓尽致。

宋室南渡之后，财婚的情况又如何呢？下文引用南宋士人袁采的《袁氏世范》和宋元大族郑氏的《郑氏规范》中的材料予以说明：

男女议亲，不可贪其阀阅之高，资产之厚①。

婚嫁必须择温良有家法者。不可慕富贵，以亏择配之义②。

袁采和郑太和都不约而同地强调婚姻不应以求资财为目的，说明了当时一些士人大族为了禁止财婚风气的进一步弥漫，不得不将禁止财婚写入家法族规中，以警戒子孙。

此外，还可以从宋代财婚流行的空间和社会阶层来分析当时的财婚现象。在空间上，无论是长期以来讲求礼制规范的北方中原地区，还是不拘传统的南方地区，都以财婚相尚，如长安地区的老百姓"嫁娶尤崇侈靡"③；江苏一带百姓男女婚娶"奢厚无度"④；商品经济发达的鱼米之乡两浙地区，村中家庭娶妇嫁女"大抵无度"，甚至"坐是至贫窭

---

① 袁采. 袁氏世范 [M] //纪昀，永瑢. 景印文渊阁四库全书. 台北：台湾商务印书馆，1986：609.

② 郑太和. 郑氏规范 [M] //王云五. 丛书集成初编. 北京：商务印书馆，1935：9.

③ 宋敏求. 长安志 [M] //中华书局编辑部. 宋元方志丛刊. 北京：中华书局，1990：77.

④ 朱长文. 吴郡图经续记 [M] //中华书局编辑部. 宋元方志丛刊. 北京：中华书局，1990：644.

不悔"①；福建地区富裕的家庭在婚嫁中竞相"以豪侈相高"，而那些家境贫困无力置办聘财或嫁妆的家庭，不惜"贸易举贷以办"②；而闽中地区百姓为聘财资装，"嫁女争讼其财，无虚日"③。财婚风气不仅在汉族地区流行，即便是在偏远山区和少数民族地区也是如此。例如，四川（巴州）等地就有"娶妇必责财"的情况存在④，虽然宋代法律禁止父母在，子出赘，但川陕"富人多招赘婿，与所生子齿，富人死，即分其财，故贫人多舍亲而出赘"⑤；湖北地区"鄂俗计利而尚鬼，家贫子壮则出赘，习为当然"⑥。西南少数民族地区婚嫁也"以粗豪汰侈为高"⑦。在社会阶层上，上至皇室宗亲、官僚士人，下至普通百姓，甚至娼妓杂类都纷纷参与其中，堂而皇之的买婚或卖婚。如宋代宗室女卖婚民间，成为待价而沽的商品，甚有富商家"至有三十余县主"的情况⑧。而许多官僚士大夫为获取更多的钱财，全然不顾礼义廉耻，如屯田郎中刘宗古为获得一富裕寡妇的财产，公开与其同居⑨；而士人赵希哲早已娶董宗安之女为妻，在获漕试文解后，竟利欲熏心，找借口与妻

---

① 林季仲. 竹轩杂著 [M] //纪昀，永瑢. 景印文渊阁四库全书. 台北：台湾商务印书馆，1986：14.

② 廖刚. 高峰文集 [M] //纪昀，永瑢. 景印文渊阁四库全书. 台北：台湾商务印书馆，1986：364.

③ 王得臣. 麈史 [M]. 郑州：大象出版社，2003：70.

④ 脱脱. 宋史 [M]. 北京：中华书局，1985：13406. 此外，还有理学大儒程颢"巴人娶妇，必责财于女氏，贫人有至老不得嫁者"的感叹。（程颢，程颐. 二程集 [M]. 北京：中华书局，2004：504.）

⑤ 李焘. 续资治通鉴长编 [M]. 北京：中华书局，2004：705.

⑥ 脱脱. 宋史 [M]. 北京：中华书局，1985：12954.

⑦ 范成大. 桂海虞衡志（蛮志）[M]. 范成大笔记六种. 北京：中华书局，2002：138.

⑧ 朱彧. 萍洲可谈 [M] //上海古籍出版社. 宋元笔记小说大观. 上海：上海古籍出版社，2001：2290.

⑨ 李焘. 续资治通鉴长编 [M]. 北京：中华书局，2004：7124.

子离婚，企图再娶富裕的周氏以图其丰厚的资财①。种种行迹都表明了财婚风气在宋代社会普遍流行，甚至变成了一种社会习俗。

综上所述，唐末、五代时期门阀婚姻伴随着门阀制度的瓦解逐渐衰落，婚姻领域中的重财风气越演越烈，其中的财婚现象也日益增多。进入北宋，随着商品经济的繁荣，财婚现象进一步发展。迫及南宋，商品经济空前繁荣，婚姻中的重财、重利观念进一步蔓延，财婚现象已成为宋代社会的一种极为普遍的现象，财婚成为了宋代婚姻的一大特色。

---

① 洪迈. 夷坚志 [M]. 北京：中华书局，2006：1482.

第二章 "士庶婚姻寖成风俗"：
一般形态的财婚

别良贱、重等级，是中国古代婚姻社会的一项基本政策。良贱通婚，历来为礼法所禁。《宋史》中有记载，至和元年冬十月辛卯朔诏，"士庶之家毋得以尝佣雇之人，自今毋得与主人同居亲为婚，违者离之。"① 但事实上却存在着很多僭越典制之外的案例，故礼法未必与社会事实相符。正如陈鹏在其《婚姻史稿》中所言："往往禁者自禁，而婚者自婚，种种矛盾，莫可究诘。"② 而宋代重财婚，宗室、官僚、商人、民间嫁娶，常以金钱论价，良贱、等级之别，并不被重视。按照宋代财婚通婚阶层的不同及其典型性，财婚大致包括两种类型：一般形态的财婚以及特定形态的财婚。

一般形态的财婚是指正常聘娶形式下的因财而婚现象。它仍遵循着婚姻六礼的原则，但其缔结婚姻的目的已完全发生了转移，通常以获取对方钱财为缔婚目的，甚不惜采用一切手段，如僭越门第等级、道德伦

---

① 脱脱. 宋史 [M]. 北京：中华书局，1985：237.
② 陈鹏. 中国婚姻史稿 [M]. 北京：中华书局，2005：437.

理甚至法律制约等。

特定形态的财婚是指买卖婚姻。买卖婚姻是正常聘娶形式外的一种特殊的婚姻形式，它完全撕破了聘娶的外衣，公开地进行钱与人的交易。因此，买卖婚姻是财婚的一种特定的、极端的婚姻形态。一般形态的财婚根据通婚对象的不同以及通婚手段的典型性，大致又可以分为士与商的财婚、官与民的财婚、宗室贵族与富民的财婚与民间的财婚四种形式。虽士农工商都属于民的范畴，但是各有侧重，下面就一般形态的几种财婚形式展开论述。

第一节　士与商的财婚

士与商的财婚主要指的是新科进士与富裕的商人因财而缔结婚姻的现象。宋代"榜下择婿"之风十分盛行，张邦炜就对其进行了详细的论述①。在这种"榜下择婿"的风气中不乏许多财婚的现象，因此人们又称其为"榜下捉婿""进士卖婚"。

卖婚者往往是新科进士，而新科进士在宋代社会地位发生了很大的变化。随着宋代科举制度的发展和完善，许多寒门之士经由科举荣登仕途，加之历朝政府采取的是"重文轻武"的政治策略，文人的地位得到了很大提高，进士出身更是"牵擢荣牵"，尤其是"状元及第，不足五年即为两制，亦有十年至宰相者"②。于是宋代形成了"满朝朱紫贵，

---

① 张邦炜通过榜前择婿、榜前约定、榜后成婿三种方式较详细地论述了宋代榜下择婿的情况，并进一步指出宋代榜下择婿的实质是当时的政治制度所决定的，在宋代官僚政治下，形成了崇尚阀阅的社会心理，是尚官的反映。（张邦炜. 宋代婚姻家族史论 [M]. 北京：人民出版社，2003：60-90.）

② 魏泰. 东轩笔录 [M]. 北京：中华书局，1983：67.

尽是读书人"① 的朝政局面。在宋代的诗词中也频频出现推崇进士的诗句：

一举首登龙虎榜，十年身到凤凰池。

五百人中第一仙，等闲平步上青天。

绿袍乍著君恩重，黄榜初开御墨鲜。

龙作马，玉为鞭，花如罗绮柳如绵。

时人莫讶登科早，自是嫦娥爱少年。②

宋真宗也作《劝学诗》言：

富贵不用买良田，书中自有千钟粟。

安房不用架高粱，书中自有黄金屋。

娶妻莫恨无良媒，书中自有颜如玉。

出门莫恨无人随，书中车马多如簇。

男儿欲遂平生志，六经勤向窗前读。③

宋代不但政府重视文人进士，就连普通老百姓也崇官尚文，他们认为嫁女要嫁读书人。宋元话本《西山一窟鬼》记载了这样一个故事，王婆给吴教授介绍对象，提到李乐娘，称李乐娘携"一千贯钱房卧，带一个从嫁，又好人材，却有一床乐器都会，又写得，算得，又是车嘁大官府第出身，只要嫁个读书官人"④。宋代对文人的礼遇从这些诗词话本中可见一斑。

新科进士们在社会地位上虽然尊贵，但经济上往往较为贫乏。因

---

① 张端义. 贵耳集 [M] //上海古籍出版社. 宋元笔记小说大观. 上海：上海古籍出版社，2001：4310.

② 诸葛忆兵. 宋代科举资料长编 [M]. 宋仁宗景祐元年甲戌三月，南京：凤凰出版社，2017.

③ 杨光先. 不得已 [M]. 合肥：黄山书社，2000：51.

④ 程毅中. 宋元小说家话本集 [M]. 济南：齐鲁书社，2000：213.

此，为了能够在官场站稳脚跟，他们急需大量的钱财。新科进士与达官贵族的联姻，能够获得经济上的资助，能够为他们进一步跻身上层社会奠定丰厚的物质基础。台湾学者柳立言先生从宋代科举制度的角度出发，阐释了宋代士人与商贾的联姻时的窘境。柳先生阐释说，当时（指宋代）门第衰落，科举竞争愈演愈烈，商人地位节节上升。社会中下层士人一面要维持家庭生活，一面要从事举业，单凭自身的经济力量是很困难的事。士子激增，但科举名额并未增加，中举的机会渐少，增加了举业的时间和投资，且准官僚数量虽然倍增，但职位数量却无相对增加，大幅延长了授官的时间，士人要进一步脱离选人的身份，得到较高的官职就更难。在此情形下，不少士人乃与商贾联姻，借妻子丰厚的嫁奁支持举业和生计①。

买婚者主要是一些富裕的商人，当然也不乏一些有权势者，如外戚张晓佐、张耆曾企图逼迫冯京为婿，除了以"官披势"相胁外②，还以"奁具甚厚"相诱③；身为执政大臣的曾布在选择进士江襃做女婿时，也曾花费礼钱三十万④。但总的来说，买婚者主要是富裕的商人，宋代商品经济空前繁荣，出现了许多拥有巨额财富的大商人。如泉州杨客为海贾十余年后，"有四十万缗"⑤；建康巨商杨二郎，本以牙侩起家，后经数十年贩商于南海"累赀千万"⑥；鄱阳湖商人阎大翁，以贩盐致富，"家资巨亿"⑦。富商们虽有万千资产，政治上却无相应的社会地位。受

① 柳立言. 宋代的家庭和法律 [M]. 上海：上海古籍出版社，2008：216.
② 脱脱. 宋史 [M]. 北京：中华书局，1985：10338-10339.
③ 周辉. 清波别志 [M]. 郑州：大象出版社，2019：182.
④ 程俱. 北山小集 [M] //纪昀，永瑢. 景印文渊阁四库全书. 台北：台湾商务印书馆，1986：305.
⑤ 洪迈. 夷坚志 [M]. 北京：中华书局，2006：588.
⑥ 洪迈. 夷坚志 [M]. 北京：中华书局，2006：1741.
⑦ 洪迈. 夷坚志 [M]. 北京：中华书局，2006：1439.

传统"重农轻商"政策的影响，商人一直处于士农工商四等人之末，直到唐代，按照礼法仍然是"当色为婚"，不可"异色相娶"①。到了宋代，良贱不婚的原则基本被承袭了下来。因此，富商们为了改变其政治上无权的窘境，急迫地与新科进士联姻，以提高其政治地位，达到钱与权的平衡。

是故一方愿意买，一方愿意卖，就产生了商品供求的市场，使婚姻等同商品交易，形成了宋代独特而畸形的"榜下择婿"现象。太宗时期，丁晋取笑其同年进士白積称"榜下新婚京国富室"②；仁宗时期，吏部侍郎孙祖德致仕后，"娶富人妻，以归其有财"③；徽宗时期，无锡财主戴氏把女儿嫁给了新科进士李漠，李漠获戴氏宅，后官至中大夫直宝文阁④；高宗时期，家境贫寒的涂文伯中举，本郡富豪杜学谕欲"妻以女"⑤；士人张临在乡举前与一娼约为夫妇，中举后却背盟与富室嫠妇结亲⑥。朱彧在《萍洲可谈》中对宋代榜下捉婿的婚配情景有十分详细的描述：本朝富贵人家在挑女婿时，往往选择新科进士，不问他们的阴阳吉凶及家世门第，谓之"榜下捉婿"。并为他们上京提供科考的费用，称之"系捉钱"，一旦他们榜上题名，待发榜之日，富商们以丰厚钱财作诱饵"使之俯就"，而新科进士们也趁机讨价还价，提高身价，"一婿至千余缗"，成婚后，甚至其家人还要索取"遍手钱"⑦。这种不问家族门第，甚至不问婚否，唯进士是婚的行为，往往会造成一些笑

① 刘俊文. 唐律疏议笺解 [M]. 北京：中华书局，1996：1067.
② 文莹. 湘山野录 [M]. 上海：上海古籍出版社，2001：1416.
③ 脱脱. 宋史 [M]. 北京：中华书局，1985：9928.
④ 洪迈. 夷坚志 [M]. 北京：中华书局，2006：141.
⑤ 洪迈. 夷坚志 [M]. 北京：中华书局，2006：810.
⑥ 洪迈. 夷坚志 [M]. 北京：中华书局，2006：1801.
⑦ 朱彧. 萍洲可谈 [M]. 上海：上海古籍出版社，2001：2306-2307.

话。彭乘的《墨客挥犀》中记载：

> 今人于榜下择婿号"脔婿"……有一新先辈，少年（笔者按：指
> 新科进士），有风姿，为贵族之有势力者所慕，命十数仆拥致其第。少
> 年欣然而行，略不辞逊。既至，观者如堵。须臾，有衣金紫者出，曰：
> "某惟一女，亦不至丑陋，愿配君子，可乎？"少年鞠躬，谢曰："寒微
> 得托迹高门，固幸！待归家试与妻子商量，看如何？"众皆大笑而散。①

　　类似材料中的荒谬行为在宋代榜下捉婿风气下并不足为怪，故而引
起了一些士大夫的强烈不满，蔡襄批评道："此生民之大弊，人行最恶
者也。"② 丁骘在上疏皇帝的奏折中对此风气作了详细而深刻的揭露：
"近年进士登科，娶妻论财，全乖礼义。衣冠之家，随所厚薄，则遣媒
妁往返，甚于乞丐，小不如意，弃而之它。市井驵侩，出捐千金，则贸
贸而来，安以就之"，并斥责这些新科进士"名挂仕版，身被命服，不
顾廉耻，自为得计，玷辱恩命，亏损名节，莫甚于此"，请求朝廷禁止
此风并责成"御史台严行觉察，如有似此人，以典法从事③。然而，
朝廷并没能够真正禁止这种风气，此风反倒更盛。淳熙年间，太学生黄
左之登第后，做了池阳王生的女婿，获得"奁具五百万"，顿时由穷变
富，时人不以为耻，反津津乐道④。

---

① 彭乘. 墨客挥犀 [M]. 北京：中华书局，2002：284.
② 吕祖谦. 宋文鉴 [M]. 北京：中华书局，1992：1504.
③ 吕祖谦. 宋文鉴 [M]. 北京：中华书局，1992：905.
④ 洪迈. 夷坚志 [M]. 北京：中华书局，2006：767.

第二节　官与民的财婚

官与民的财婚主要是指官僚与富裕平民之间因财而缔结的婚姻现象。新科进士虽已经考取功名，但是其经济情况与社会地位与一般的官僚还是存在差别，因此本书将士（新科进士）与官（一般官僚）区别划分。

宋代商业经济繁荣，经商风气异常活跃，一些官员亦纷纷加入经商这一行列，上至亲王将相，下至闲官士子，大至海外贸易，小至家内商店，所贩物品无所不有，并出现了"吏商""士商"等词①。宋初大将曹彬更是直率地说："好官亦不过多得钱尔！"② 在一切"向钱看"的商业风气下，一些官员把婚姻也当作一种发财致富的手段，他们凭借其政治资本大肆卖婚于富室豪民。而随着宋代城市经济的发展，民间出现了许多富甲一乡的富豪，这就使得官与民的财婚行为有了可能。具体而言，官与民的财婚不仅包括一般形式的因财而婚现象，还包括部分官员为图财产争娶寡妇、因财入赘的情况，甚至有借婚姻设骗局乃至谋财害命者。

仁宗时期，吏部侍郎孙祖德娶一富人妻，"以规有其财"③；赵希哲娶董宗安之女为妻，在获漕试文解后，竟利欲熏心，因他事而与妻子离

---

① 程民生，白连仲. 论宋代官员、士人经商：兼谈宋代商业观念的变化 [J]. 中州学刊，1993（2）：114-119.

② 脱脱. 宋史 [M]. 北京：中华书局，1985：8983.

③ 脱脱. 宋史 [M]. 北京：中华书局，1985：9928.

婚，再娶富裕的周氏，获取丰厚的妆奁①。元祐时期，身任集贤校理的李德刍"娶妇论财"②。淳熙年间，新安人吴十郎，"初以织草履自给"后由于经商卖油，短短几年，"资业顿起，殆且巨万"，从一个穷人摇身一变成为资业巨万的大富豪。正是由于吴十郎经济上的富有，后其长子方能娶官族女，从而使其家庭地位逐步跻身上流社会。就连被后世人敬仰崇拜的大圣人朱熹，也有文献记载了其表里不一的财婚行径，他一方面对时人财婚的行为表示谴责，认为"是乃驵侩鬻奴卖婢之法，岂得谓士大夫婚姻哉！"③；另一方面，为报赵汝愚援引之恩，"为其子崇宪执柯娶刘珙之女，而奄有其身后巨万之财"。其家中，"男女婚嫁，必择富民，以利其奁娉之多"④。由此可见，即使像朱熹这样专讲"存天理、去人欲"的大儒也不见得是表里如一，那一般士大夫则可想而知。

更有官员全然不顾自己的等级、地位，打起了拥有丰厚妆奁寡妇的主意。神宗元丰年间（1078—1085年），屯田郎中刘宗古"规孀妇李财产"，与其同居⑤。无独有偶，嘉定十五年（1222年），福建提举茶司干官叶嗣立，娶海盐蔡家寡妇常氏，"席卷其家财，陵轹其妻子"⑥。宋真宗时期，薛惟吉寡妻柴氏"尽蓄其祖父金帛，计直三万缗"打算携资改嫁，时任的两大宰相，向敏中、张齐贤竟为争娶寡妇柴氏而展开激

---

① 洪迈. 夷坚志 [M]. 北京：中华书局，2006：1482.
② 李焘. 续资治通鉴长编 [M]. 北京：中华书局，2004：10289.
③ 洪迈. 夷坚志 [M]. 北京：中华书局，2006：1238.
④ 叶绍翁. 四朝闻见录 [M] //上海古籍出版社. 宋元笔记小说大观. 上海：上海古籍出版社，2001：4966. 这虽然是言官攻击朱熹的把柄，不免有夸大之嫌，但既然是上奏给皇帝的札子，不可能完全是空穴来风、子虚乌有的。
⑤ 李焘. 续资治通鉴长编 [M]. 北京：中华书局，2004：7124.
⑥ 徐松. 宋会要辑稿 [M]. 北京：中华书局，1957：4090.

烈争夺，引起轩然大波，双方诉讼不断，惊动天子，后以"向敏中罢为户部侍郎，张贤齐责授太常卿，分司两京"告终①。程颐对此事的评论是："本朝向敏中号有度量，至作相，却与张齐贤争取一妻，为其有十万囊橐故也。"②类似例子还有魏了翁之女，先嫁安子文家，"既寡，谋再适人，乡人以其兼二氏之撰，争欲得之，而卒归于朔斋。以故不得者嫉之，朔斋以是多啧言"③。在理学家提倡"饿死事小，失节事大"的社会背景下，寡妇再嫁或多或少还是会遭受社会舆论的指责，但材料中的寡妇追求者众多，只因"乡人以其兼二氏之撰，争欲得之"，甚有因娶不到而心生妒忌者。这就说明了即使是寡妇，若携带的奁产丰厚，想娶之者仍趋之若鹜。

此外，也有甘为赘婿以谋奁产者，哲宗元祐七年（1092年）三月，常州江阴县有一寡妇，"家富于财，不止巨万"，知秀州右朝请郎王蕙贪图其高额嫁资，竟"屈身为赘婿"④。横塘人褚生"以右科官与贾巨川涉有旧，初任扬州一令，有妻，又赘于一宗姓之家"，其成婚之后，便挟其资而逃⑤。这种骗人钱财的行为为人所不齿，而某些官僚士大夫为谋取钱财甚至不惜草菅人命则更是令人发指，如下面材料所述：

陈叔文，京师人也。专经登第，调选铨衡，授常州宜兴簿。家至窘窭，无数日之用，不能之官。然叔文风骨秀美，但多郁结，时在娼妓崔兰英家闲坐。叔文言及已有所授，家贫未能之官。兰英谓叔文曰："我虽与子无故，我于囊中可余千缗，久欲适人，子若无妻，即我将嫁子

---

① 李焘. 续资治通鉴长编 [M]. 北京：中华书局，2004：1157.
② 程颢，程颐. 二程集 [M]. 北京：中华书局，2004：407.
③ 周密. 癸辛杂识 [M]. 北京：中华书局，1988：244.
④ 李焘. 续资治通鉴长编 [M]. 北京：中华书局，2004：11247.
⑤ 周密. 癸辛杂识 [M]. 北京：中华书局，1988：108.

也。"叔文曰:"吾未娶,若然,则美事。"一约即定,叔文归欺其妻曰:"贫无道途费,势不可共往,吾且一身赴官,时以奉钱赒尔。"妻诺其说。叔文与兰英泛汴东下,叔文与英颇相得,叔文时以物遗妻。后三年替回,舟溯汴而进。叔文私念:英囊箧不下千缗,而有德于我,然不知我有妻,妻不知有彼,两不相知。归而相见,不惟不可,当起狱讼。叔文日夜思计,以图其便,思惟无方,若不杀之,乃为后患。遂与英痛饮大醉,一更后,推英于水,便并女奴推堕焉。叔文号泣曰:"吾妻误堕汴水,女奴救之并堕水。"以时昏黑,汴水如箭,舟人沿岸救捞,莫之见也。①

　　妓女由于其所从事职业的特殊性,本是男子耻于为婚的女性群体,但当妓女将其积攒的雄厚资财作为自己的随嫁妆奁时,则成为一些男子青睐甚至贪婪的对象。可悲的是,妓女们在寻找归宿的过程中,经常会有男人因贪图她们的钱财而行欺诈之事,甚至谋财害命。上述材料中娼妓崔兰英就在这样的前提下为自己迎来了一门婚事,然陈叔文用心不良,"虽经登科,但家窘窭,无数日之用,不能之官",于是便借娶崔兰英为妻之机谋其囊中资财,在谋财后又设计将崔兰英主仆二人杀害,其行为实在不应是一个科举士人所为②。

　　两宋时期特别是南宋后期理学的兴盛,对妇女贞洁有严格的要求,反对寡妇再嫁,而堂堂朝廷大员贪图钱财,公然与寡妇同居,甘心做被

　　① 刘斧. 青琐高议[M]//上海古籍出版社. 宋元笔记小说大观. 上海:上海古籍出版社,2001:1112-1113.
　　② 事实上,类似的例子很多,如张师正的《倦游杂录》中士人杨孜把倾尽财产资助自己应举的倡女毒死,《青琐高议》中解普为谋妓女李云娘资财答应娶其为妻,后推李云娘落水,由此可见,妓女们巨额的资财一方面能够为其赢得一门好婚事,对婚姻的缔结有促进作用,另一方往往也因此而给自己招来杀身之祸。

世人所不齿的赘婿①，甚行欺诈之事或谋财害命，显然都是一个"财"字在人们心中作祟，正如时人所说，"钱如蜜，一滴也甜"②。官员卖婚是为了钱，而商人买婚则是为了权。南宋中期，因经营海外贸易而发了大财的泉州商人王元懋，与宰相留正、吏部诸葛侍郎结为姻家，从而成为从义郎③。虽是一个低级武官，但其政治和社会地位都有了一定的提高。由此可见，官与民的婚姻交易实质上是一笔钱与权互通有无的交易过程。

士大夫官员为钱财娶妻后的结果常被人们所忽视，事实上，对士大夫婚姻论财的行径，宋政府一直都采用了较为严厉的手段进行规范。张齐贤"晚娶薛氏妇，真宗不悦"④，后真宗贬张齐贤官，在对其贬官的制书中写道，"悦媒氏之甘言，利寡妇之私帑。讼端是构，物议交喧，宜用小惩，俾循深咎"⑤，体现了宋真宗对张齐贤为财娶妇的惩戒。而另一位官员刘宗古也因京东转运司的上奏弹劾被"放归田里"⑥，王蓬更是被批评为"贪污至此，素为士论所薄"⑦。尽管这些人被贬官还有着其他原因，但是为财娶妻无疑是反对者弹劾其品行不端的重要因素之一。

---

① 陈鹏认为："谓家贫无聘财，不能娶妇，及身入妇家做质，因称赘婿。"（陈鹏. 中国婚姻史稿 [M]. 北京：中华书局，1990：745），招赘婿不是传统的男娶女嫁、通过聘娶形式缔结的婚姻，赘婿未给女家聘财，而绝大多数赘婿因出身贫困才入赘女家，其社会地位与在家庭中的地位还是很低的，与通过正常聘娶的男子有天壤之别，根本不能相比。所以，在宋代，赘婿又谑称为"布袋"，入赘女家，"如入布袋，气不得出"，往往饱受社会，尤其是女方家族成员的歧视、欺侮。

② 惠洪. 冷斋夜话 [M]. 北京：中华书局，1988：62.

③ 洪迈. 夷坚志 [M]. 北京：中华书局，2006：1345.

④ 吴处厚. 青箱杂记 [M]. 北京：中华书局，1985：17.

⑤ 徐自明. 宋宰辅编年录校补 [M]. 北京：中华书局. 1986：90.

⑥ 李焘. 续资治通鉴长编 [M]. 北京：中华书局，2004：7124.

⑦ 李焘. 续资治通鉴长编 [M]. 北京：中华书局，2004：11247.

第三节 宗室贵族与富民的财婚

宗室贵族与富民的财婚是指宗室外戚等贵族与富裕平民之间因财而缔结的婚姻。北宋建立之初，对宗室皇亲按照血缘的亲疏给予一定的物质和政治待遇。熙宁元年（1068）朝廷统计京师的开支费用，其中文武百官的月俸有四万余缗，军队开支十一万缗，而朝廷给予宗室的开支达到了七万余缗，其中还不算生日、婚嫁、丧葬以及每年的补洗、杂赐、四季衣服的费用。① 据《宋史·食货志》及《容斋随笔》记载，神宗时期"嫁一公主至费七十万缗"②，虽然是特殊例子，但宋代嫁公主的一般规格也非常奢侈，试看下面的材料：

公主下降，初被尚者即拜驸马都尉，赐玉带，袭衣，银鞍勒马，采罗百匹，谓之系亲。又赐办财银万两，进财之数，倍于亲王聘礼。③

从"倍于亲王聘礼"可知晓宋代公主出嫁的妆奁比亲王娶妇的聘财要高，而宗室诸王娶妇的聘礼在《宋史·礼志十八》中有记载：

诸王纳妃。宋朝之制，诸王聘礼，赐女家白金万两。敲门，即古之纳采。用羊二十口、酒二十壶、彩四十匹。定礼，羊、酒、彩各加十，茗百斤，头婆巾段、绫、绢三十匹，黄金钗钏四双，条脱一副，真珠虎魄璎珞、真珠翠毛玉钗朵各二副，销金生色衣各一袭，金涂银合二，锦绣绫罗三百匹，果槃、花粉、花幂、眠羊卧鹿花饼、银胜、小色金银钱

① 杨仲良. 宋通鉴长编纪事本末 [M] //续修四库全书编辑部. 续修四库全书. 上海：上海古籍出版社，2002：560.

② 脱脱. 宋史 [M]. 北京：中华书局，1985：4354；亦见洪迈. 容斋随笔（三笔卷第14. 夫人宗女请受）[M]. 北京：中华书局，2005：596.

③ 脱脱. 宋史 [M]. 北京：中华书局，1985：2732.

等物。纳财，用金器百两、彩千匹、钱五十万、锦绮、绫、罗、绢各三百匹，销金绣画衣十袭，真珠翠毛玉钗朵各三副，函书一架缠束帛，押马函马二十匹，羊五十口，酒五十壶，系羊酒红绢百匹，花粉、花幂、果盘、银胜、罗胜等物。亲迎，用涂金银装肩舆一，行障、坐障各一，方团掌扇四，引障花十树，生色烛笼十，高髻钗插并童子八人骑分左右导扇舆。①

其他宗子的定礼，先是赐女家白金五千两。其敲门、定礼皆减半，远属族婢者又减之②。至于之后的"聘礼""财礼"环节，仍是所费极多。当然，这些仅仅是朝廷纸面上的规定，其实际情况犹有过之。仁宗时期，长公主出降，朝廷资送不过十万缗③，到了熙宁初期，则需七十万缗④。南宋初，"伪福国长公主之适高世荣，奁具凡二十万缗"⑤。理宗时期周汉国公主出降慈明太后侄孙杨镇，赐玉带靴笏鞍马及红罗百匹，银器百两，衣着百匹，聘财银一万两⑥。对于近属宗女下嫁，朝廷的赏赐也是十分可观的，如"县主系亲以金带，赐办财银五千两。纳财赐赍，大率三分减其二（笔者按注：指同公主相比）。宗室女特封郡君者，又差降焉"⑦。南宋淳熙十三年（1186），魏惠宪王女安康郡主适罗氏，诏南库给金五百两、银三千两为奁具⑧。熙宁后期，对于远属宗女的婚嫁，祖宗元孙女五百千，五世三百五十千，六世三百千，七世

① 脱脱. 宋史 ［M］. 北京：中华书局，1985：2735.

② 脱脱. 宋史 ［M］. 北京：中华书局，1985：2735.

③ 脱脱. 宋史 ［M］. 北京：中华书局，1985：10249-10257.

④ 洪迈. 容斋随笔 ［M］. 北京：中华书局，2005：596.

⑤ 李心传. 建炎以来朝野杂记 ［M］. 北京：中华书局，2000：57. 另据《鹤林玉露》记载，伪柔福帝姬（即伪福长公主）下降高世荣，资装一万八千缗，与《建炎以来朝野杂记》所记不同。

⑥ 周密. 武林旧事 ［M］. 杭州：浙江古籍出版社，2015：36.

⑦ 脱脱. 宋史 ［M］. 北京：中华书局，1985：2732.

⑧ 李心传. 建炎以来朝野杂记 ［M］. 北京：中华书局，2000：53.

二百五十千，八世百五十千。绍兴七年（1137）冬，诏元孙减五之一，六世、八世减三之一，五世、七世减七之二。已适而再行者，各减半①。这只是朝廷的赏赐，而实际的妆奁远不止这些。可见仅宗室嫁女的费用，对朝廷来说就已经是一笔很大的开销。然而，随着宗室人口的增加，巨额的开支成为宋朝政府财政的一大负担，于是朝廷不得不对宗室的特权一再裁减，这导致部分疏远的宗室生活困难，因此有"宗姓多贫"之说②。大臣王岩叟曾道："臣闻宗室不系赐名授官孤遗之家，二十余位，六十余人，全无禄食，朝夕不能自存，将有流落之忧。"③至南宋时期，赵氏宗室"多有饥寒流落者"④。据《夷坚志》记载，宗室赵善式，居住池州，生活十分贫困，只能"以酤酒为生"⑤。

宗室虽然在经济上多有贫困，但其贵族的政治权利和社会地位却保存了下来。按照宋廷的规定："宗室袒免婿，与三班奉职"⑥，"皇族郡县主出嫁，其夫并白身授殿直"⑦。三班奉职、殿直这类官职虽然级别不高，一般官员看不上，但富民们却眼红，纷纷"争市婚为官户"⑧，因为其好处很多，不但可以循例补官，庇荫门户，免除赋役，更可倚托权势，作威福于乡里。商人王永年因"娶宗室女，得右班殿直，监汝州税"⑨；苏州商人朱冲"弟侄数人，结姻于帝族"，于是其家"因缘得

---

① 李心传. 建炎以来朝野杂记 [M]. 北京：中华书局，2000：57.
② 脱脱. 宋史 [M]. 北京：中华书局，1985：12398.
③ 李焘. 续资治通鉴长编 [M]. 北京：中华书局，2004：9714.
④ 徐松. 宋会要辑稿 [M]. 北京：中华书局，1957：129.
⑤ 洪迈. 夷坚志 [M]. 北京：中华书局，2006：1573.
⑥ 徐松. 宋会要辑稿 [M]. 北京：中华书局，1957：104.
⑦ 黄淮，杨士奇. 历代名臣奏议 [M] // 纪昀，永瑢. 景印文渊阁四库全书. 台北：台湾商务印书馆，1986：147.
⑧ 曾枣庄，刘琳. 全宋文 [M]. 上海：上海辞书出版社，2006：58。
⑨ 魏泰. 东轩笔录 [M]. 北京：中华书局，1983：77.

至显官者甚众"①。

因此，宗室与商人一拍即合，既然富商大贾愿意高价购买，于是宗亲们就干脆定好女儿的价格公开出卖，以至于出现了宗室嫁女"商较财币，仅同贸易"的情况②。到北宋后期，县主甚至公开商品化，其价格为"五千贯一个"。开封城内，一位号"帽子田家"的商人就公开置卖县主，一买再买，家里共有十位县主③；另一位外号"大桶张家"的商人买的更多，"至有三十余县主"④。除此之外，还有宗女嫁给蕃商的现象：

> 元祐间，广州番坊刘姓人娶宗女，官至左班殿直。刘死，宗女无子，其家争分财产，遣人过登闻院鼓。朝廷方悟宗女嫁夷部，因禁止，三代须一代有官，乃得取宗女。⑤

然而宗室之家，常置朝廷的禁令而不顾，唯富是嫁，"宗女当嫁，皆富家大姓以货取，不复事铨择"⑥，"明立要约，有同鬻卖"⑦，便是其真实写照。宗室除卖婚于商人，还有通婚"杂类"者。所谓杂类者，"谓舅曾为人奴仆，姑曾为娼，并父祖系化外及见居缘边两属之人"⑧，是当时社会地位最低下、出身最卑贱、最受人鄙视的一类人，并且宋朝

---

① 龚明之. 中吴纪闻 [M]. 上海：上海古籍出版社，1987：146.

② 晁补之. 鸡肋集 [M] // 纪昀，永瑢. 景印文渊阁四库全书. 台北：台湾商务印书馆，1986：923.

③ 李焘. 续资治通鉴长编 [M]. 北京：中华书局，2004：6627.

④ 朱彧. 萍洲可谈 [M] // 上海古籍出版社. 宋元笔记小说大观. 上海：上海古籍出版社，2001：2290.

⑤ 朱彧. 萍洲可谈 [M] // 上海古籍出版社. 宋元笔记小说大观. 上海：上海古籍出版社，2001：2315.

⑥ 脱脱. 宋史 [M]. 北京：中华书局，1985：8677.

⑦ 李焘. 续资治通鉴长编 [M]. 北京：中华书局，2004：6627.

⑧ 李焘. 续资治通鉴长编 [M]. 北京：中华书局，2004：6959.

曾明确禁止宗室成员与杂类子孙成婚①。如神宗时期，彭汝砺上奏神宗皇帝时言，"宗室卖婚至女娼家子，行有日矣"，请求"罢之"，并认为"皇族虽服属已，疏然皆宗庙子孙不可使闾阎下贱得以货取"，希望朝廷"愿为更著婚姻法"②。

宋代宗室嫁女多"卖婚民间"③，嫔妃外戚之家亦纷纷效仿，"富民与妃嫔家昏因夤缘得官者"较多④。其中，最著名的当推马季良，他本来是北宋中期尉氏县（今属河南省）的一个茶商，后因为娶了真宗刘皇后之兄刘美的女儿为妻，步入仕途，青云直上，后官至兵部郎中⑤。由此可见，宋代官僚士大夫和宗室贵族的财婚行为对当时整个社会的财婚风气都起着推波助澜的作用，上行下效，民间更是大肆推崇，以至于财婚成为一种社会时尚，人们趋之若鹜。

第四节　民与民的财婚

民与民的财婚是指平民之间因财而缔结的婚姻现象。除了官员、新科进士和宗室贵族中的卖婚现象外，真正的民间家庭——即占人口绝大多数的普通百姓的婚姻也竞相尚财，婚嫁奢靡无度，使得宋代民间财婚风气弥漫，突破了婚姻的地域性、民族性及群体性。

---

① 李焘. 续资治通鉴长编 [M]. 北京：中华书局，2004：6959.
② 杜大珪. 名臣碑传琬琰集 [M] //纪昀，永瑢. 景印文渊阁四库全书. 台北：台湾商务印书馆，1986：454.
③ 脱脱. 宋史 [M]. 北京：中华书局，1985：10974.
④ 毕沅. 续资治通鉴 [M] //续修四库全书编辑部. 续修四库全书. 上海：上海古籍出版社，2002：62.
⑤ 脱脱. 宋史 [M]. 北京：中华书局，1985：13552.

民间财婚的区域性可以从保留至今的一些地方志中得到证实。理应体现不同地区社会发展状况的宋代地方志，在宋代婚姻习俗方面的记载却有着惊人的相似。如长安地区"民去本就末，列侯贵人车服僭上，众庶仿效，羞不相及，嫁娶尤崇侈靡"①；江苏地区"顾其民，崇栋宇，丰庖厨，嫁娶丧葬，奢厚无度"②；浙江永嘉地区婚嫁被形容为"嫁娶丧葬，大抵无度，坐是至贫窭不悔"③；福建地区嫁女时为聘财资装"争讼无虚日"，此类案件"日不下数人"④；而位于西部的四川地区，"巴人娶妇，必责财于女氏"，以致有贫女到老也未出嫁⑤。这些记载说明了宋代财婚现象不再是一个区域性的社会问题，已突破地区的限制，成为一种比较普遍的社会问题。

就宋代民间财婚的民族性而言，财婚风气不仅在汉族地区流行，少数民族百姓也尚此风，"洞宫之家婚嫁，以粗豪汰侈相高，聘送礼仪，多至千担，少亦半之"⑥。虽然宋代法律明文禁止"父母在，子出赘"，但事实上湖北地区"计利而尚鬼，家贫子壮则出赘，习为当然"⑦；川、陕地区"富人多招赘婿，与所生子齿，富人死，即分其财，故贫人多舍亲而出赘"⑧。

就宋代民间财婚的群体性而言，宋代一些特殊群体也流行财婚风

---

① 宋敏求. 长安志 [M] //中华书局编辑部. 宋元方志丛刊. 北京：中华书局，1990：77.

② 朱长文. 吴郡图经续记 [M] //中华书局编辑部. 宋元方志丛刊. 北京：中华书局，1990：644.

③ 林季仲. 竹轩杂著 [M] //纪昀，永瑢. 景印文渊阁四库全书. 台北：台湾商务印书馆，1987：14.

④ 王得臣. 麈史 [M]. 郑州：大象出版社，2019：250.

⑤ 程颢，程颐. 二程集 [M]. 北京：中华书局，2004：504.

⑥ 马端临. 文献通考 [M]. 北京：中华书局，2011：9085.

⑦ 脱脱. 宋史 [M]. 北京：中华书局，1985：12953.

⑧ 李焘. 续资治通鉴长编 [M]. 北京：中华书局，2004：705.

气，最典型的莫过于僧道娶妻的现象。唐郑熊的《番禺杂记》中记载："广中僧有室家者，谓之火宅僧。"① 陶谷的《清异录》中也提到，北宋汴京大相国寺中有一僧人叫澄晖，"以艳倡为妻"，还自谓"没头发浪子，有房室如来，快活风流，光前绝后"②。这表明当时人们对和尚娶妻现象并不感到奇怪，娶妻的和尚们也自以为荣。而广南地区和尚娶妻现象更盛，有史籍载：

> 广南风俗，市井坐估，多僧人为之，率皆致富。又例有室家，故其妇女多嫁于僧，欲落发则行定，既剃度乃成礼。市中亦制僧帽，止一圈而无屋，但欲簪花其上也。尝有富家嫁女，大会宾客，有一北人在坐。久之，迎婿始来，喧呼"王郎至矣"，视之，乃一僧也。客大惊骇，因为诗曰："行尽人间四百州，只应此地最风流。夜来花烛开新燕，迎得王郎不裹头！"③

此外，宋代道士也"皆有妻孥，虽居宫观，而嫁娶生子与俗人不异"④。事实上，根据宋代的法律，僧道是不能结婚的。开宝五年（972）闰二月戊午，宋太祖诏："道士不得蓄养妻孥，已有家者，遣出外居止，今后不许私度，须本师、知观同诣长吏陈牒，给公凭，违者捕系抵罪。"⑤ 南宋法令也规定："诸僧道辄娶妻，并嫁之者，各以奸论，

---

① 陶宗仪. 辍耕录［M］//上海古籍出版社. 宋元笔记小说大观. 上海：上海古籍出版社，2001：6219.

② 陶谷. 清异录［M］//上海古籍出版社. 宋元笔记小说大观. 上海：上海古籍出版社，2001：28.

③ 庄绰. 鸡肋编［M］//上海古籍出版社. 宋元笔记小说大观. 上海：上海古籍出版社，2001：4024.

④ 王栐. 燕翼诒谋录［M］//上海古籍出版社. 宋元笔记小说大观. 上海：上海古籍出版社，2004：4601.

⑤ 王栐. 燕翼诒谋录［M］//上海古籍出版社. 宋元笔记小说大观. 上海：上海古籍出版社，2004：4601.

加一等，僧道送五百里编管。"① 宋代僧道娶妻虽遭到国家法令的禁止，然而依旧有妇女冒着被世人耻笑的风险争相嫁给僧道。究其缘由主要是部分僧道因经商而变得很富有，才会有诸女争相嫁给僧道的现象出现。宋代商品经济繁荣，使得相对封闭的佛教寺院也受到了相应的冲击，财富在人们心目中的地位明显提高，金钱的魅力甚至远远超过了佛教的清规戒律。因此，许多寺院不惜打破佛门的清规戒律，纷纷从事商业活动。如北宋开封有名的大相国寺，本是从事宗教活动的清静之地，却成为当时全国重要的商品集散中心之一。王栐的《燕翼诒谋录》中记载，"东京相国寺乃瓦市也，僧房散处，而中庭两庑可容万人，凡商旅交易，皆萃其中，四方趋京师以货物求售转售他物者，必由于此"②。由此可见，大相国寺商贸繁荣，商贩往来频繁。与此同时，也出现了许多因经商而致富的僧人。如邢州僧人慈演"寓外宿有年矣，畜镪千余万"③；《宋史》中记载有位和尚因经商拥有"寓钱数万于其室"④；还有僧人绍光"有金一两，在弟子姚和尚处，并有钱二十千，在市上某家"⑤。寺院和僧人的这种谋利行为遭到了士大夫的猛烈抨击，胡寅曾抨击佛教僧人的经商行为道，"既已为僧，而又隳败其业，甚则破戒律，私妻子，近屠沽市贩"⑥。

---

① 杨一凡，田涛. 中国珍稀法律典籍续编 [M]. 哈尔滨：黑龙江人民出版社，2002：725.

② 王栐. 燕翼诒谋录 [M]. 北京：中华书局，1981：20.

③ 张师正. 括异志 [M] // 上海古籍出版社. 宋元笔记小说大观. 上海：上海古籍出版社，2001：711.

④ 脱脱. 宋史 [M]. 北京：中华书局，1985：13476.

⑤ 洪迈. 夷坚志 [M]. 北京：中华书局，2006：760.

⑥ 胡寅. 斐然集 [M] // 纪昀，永瑢. 景印文渊阁四库全书. 台北：台湾商务印书馆，1987：550.

此外，财婚不仅在青年男女中流行，还有妙龄女子嫁给耄耋老者。宋元话本《种瓜张老》中记载，种瓜的张老年已八十，看上了韦谏议十八岁的女儿，于是差两媒婆去说媒，韦谏议要求"十万贯见钱为定礼，并要一包小钱，不要金银钱准折"。后来张老果真送来了十万贯聘财，如愿抱得美人归①。话本小说虽是艺术作品，但其创作源于现实生活，所以在一定程度上能够反映出当时社会的真实情况。

以上例子表明，财婚已成为一种社会风俗，并融入了人们的潜意识，形成了一种社会"规范"和"准则"，一旦违背这些"规范""准则"，反而可能会被视为不合时宜而遭到排斥，因此即使地方上有士人官员提倡婚姻从简，也很难摆脱周围流俗的影响。

---

① 程毅中. 种瓜张老［M］. 济南：齐鲁书社，2000：229.

第三章 "驵侩鬻奴卖婢"：
特定形态的财婚

　　所谓特定形态的财婚，是指买卖婚姻，它完全撕破了聘娶的外衣，是一种赤裸裸的钱与人的交易，被时人认为"是乃驵侩鬻奴卖婢之法"①，主要包括卖妻、典妻、雇妻以及妾的买卖。

　　在"男尊女卑"传统性别观念的影响下，古代女性的社会地位及她们相对固定的社会角色，使得女性成为人口买卖中的主要受害者。古代女性，由于在经济上往往依附于男性，以至于她们的社会地位低下，她们在家庭和社会中所扮演的角色，或为妻、或为妾、或为婢、或为歌妓舞女，女性较低的社会地位和社会角色使得人口买卖市场对女性的需求比对男性的需求大得多。宋代社会崇尚享乐奢侈之风，官僚富贵之家纳妾蓄婢，加之宋代商品经济繁荣、人口买卖频繁，许多年轻女子就成为了婚姻市场的主要受害者。

　　底层百姓一方面受到封建统治者的剥削，另一方面承担着灾荒与兵乱带来的灾难。宋朝赋税在两税之外另有"支移""折变"等附加之

---

① 朱熹的《朱子家礼》和司马光的《书仪》中有此语。

税，各级官员巧立名目搜刮百姓，苛捐杂税的增加，迫使百姓"破家荡产，鬻妻子"① 来缴纳赋税。灾荒与连年战乱使得百姓流离失所，无所倚仗，不得不通过出卖家庭中的弱势群体来获得生存的机会，而家庭中的年轻女性无疑是最易被典卖的对象。荆南女子国香因"荆楚岁饥，贫不能自存，其夫鬻之于田氏为侍儿"②；京东饥荒时期，郑某在流民中买一妾③；绍兴年间蜀州饥荒，王志行"买妾于流民中"④；陈规为女买婢，得一妇人，"甚闲雅，怪而询之，乃云梦张贡士女也，乱离夫死无所托，鬻身求活"⑤。这些被出售的女性在买主家中一般扮演妾、婢的角色，很少有人能够成为买主正式的妻子，低下的社会与家庭地位导致她们会比普通女性遭受更多的苦难。

以官僚地主为代表的上层统治者，具有一定的社会地位和钱财，他们是女性人口的主要消费者，同时，其所拥有婢妾的数量的多寡在一定程度上代表了其社会地位的高低。商品市场的发展，使统治阶层购买女性人口的途径大大增加，在一些大城市出现了专门用于女性人口交易的市场，甚至还出现了专门从事人口买卖的牙嫂。元祐中为太学生、晚为童贯客的高荷，"世居荆渚，多赀而喜客。尝捐钱数十万买美妾，置诸别圃，作竹楼居之，名曰'玉真道人'"⑥。

总的说来，宋代上至达官贵人、皇亲国戚，下至一般的富商大贾，只要稍有社会地位与经济能力的各阶层人士乃至平民百姓，纳上一两个妾是最平常不过的事，而妾与奴婢绝大部分都是通过金钱买卖来的。这

---

① 脱脱. 宋史 [M]. 北京：中华书局，1985：4291.
② 洪迈. 夷坚志 [M]. 北京：中华书局，2006：518.
③ 洪迈. 夷坚志 [M]. 北京：中华书局，2006：115.
④ 洪迈. 夷坚志 [M]. 北京：中华书局，2006：375.
⑤ 脱脱. 宋史 [M]. 北京：中华书局，1985：11645。
⑥ 洪迈. 夷坚志 [M]. 北京：中华书局，2006：675.

得到了极力鼓吹"存天理，去人欲"的道学家所认可的，所谓"有妻有妾，方始成个家"①。

下面就分别对宋代财婚的特殊形式——买卖婚中的卖妻、典妻、雇妻、质妻以及妾的买卖等进行分析论述。

第一节　卖妻

卖妻是指将自己的妻子卖给别人做妻或者妾而谋取钱财的现象。卖妻者主要是生活在社会下层的百姓，也包括一些因落魄而沦落为贫者的官宦士人。买妻者范围则较为广泛，社会各阶层都有参与。

宋代社会法律虽禁止卖妻的行为②，但在实际的生活中，卖妻现象却不胜枚举。洪迈记载了一件关于卖妻的事例：芜湖人王氏之女嫁给了其族姑之子，成婚三年后，族姑的家资被其子挥霍荡尽，以至于到了"售其妻为人妾"的地步③。可见，丈夫对妻子拥有绝对的支配权，当丈夫经济上陷入困境之时，甚至可以把妻子当作货物一般随便典卖。王安石的夫人曾为其买来一妾，王安石询问其来由，该女子说："妾之夫为军大将，部米运失舟，家资尽没犹不足，又卖妾以偿。"④ 宋代权相贾似道的父亲，在旅途中看见一个美丽的女子在户外洗衣服，十分高兴，于是问她是否愿意做自己的妾，该女子说自己已婚，等丈夫归来问

①　黎靖德. 朱子语类［M］. 北京：中华书局，1986：1828.
②　宋律规定："诸和娶人妻及嫁之者，各徒二年，即夫自嫁者亦同，仍两离之。"可见法律上是严厉禁止卖妻行为。（中国社会科学院历史研究所宋辽金元史研究室. 名公书判清明集［M］. 北京：中华书局，1987：352.）
③　洪迈. 夷坚志［M］. 北京：中华书局，2006：1131.
④　邵伯温. 邵氏闻见录［M］. 北京：中华书局，1983：121.

丈夫的意见。待其夫归来，欣然答应，并把妻子卖了一个好价钱①。此例充分说明貌美的妻子无疑是一笔潜在的资产，适当之时，投放于婚姻市场便可大赚一笔。试问，这样的婚姻关系，置仁义道德何在？

此外，宋代有名的法律类文书《名公书判清明集》中就有不少因卖妻而引发的民事纠纷②。其中，在《婚嫁皆违法》一案中，一位叫叶四的人，由于家贫，不能供养其妻子阿邵，于是"自写立休书、钱领及画手模，将阿邵嫁与吕元五"，然而吕元五父子并没有按约全部付款，"共交去官会三百贯，尚有未尽会二百贯寄留叶万六家"。双方因此对簿公堂，最后法官判定"叶四、吕元五皆不得妻，阿邵断讫，责付牙家别与召嫁"③。根据材料可知，宋代民间卖妻是有一定程序的，先要写休书，再钱领及画手模，在交易过程中官府基本不予干预，只有当卖妻发生纠纷时，官府才会介入。卖妻的程序化和成熟化表明了当时卖妻现象的普遍化。根据法官的判词"阿邵断讫，责付牙家别与召嫁"可以看出宋代政府的态度，即一方面国家法律是明令禁止卖妻的行为，另一方面又默认了卖妻的事实。此外，除了卖妻，还有卖女为人妻妾者，在《名公书判清明集》中记载，吴重五家贫，其女阿吴，先是被吴千二掠为妻，后吴千二借口"同姓不婚"，又将阿吴卖与翁七七之子，后来阿吴生父吴重五又将其夺回家，三卖于李三九为妻④。被人诱卖、被夫卖、被父卖三种不幸都集于此女身上，而法官并没有惩处他们

---

① 丁传靖. 宋人轶事汇编［M］. 北京：中华书局，2003：1006.
② 《名公书判清明集》《定夺争婚》《婚嫁皆违条法》《官族雇妻》中都有典型的卖妻实例。
③ 中国社会科学院历史研究所宋辽金元史研究室. 名公书判清明集［M］. 北京：中华书局，1987：352.
④ 中国社会科学院历史研究所宋辽金元史研究室. 名公书判清明集［M］. 北京：中华书局，1987：349.

卖女卖妻之罪，最后法官在判词中责令道："阿吴责还李三九交领。吴千一、吴千二、吴重五犯在赦前，且与免断，引监三名备元受钱、会，交还翁七七。"① 这一方面反映了当时妇女的悲惨命运，另一方面则表明在法律的实际执行过程中，对买卖妻女的违法行为官府基本予以默认乃至纵容，即使有处罚措施也是比较轻微的。

如下面材料所述，卖妻现象不但发生在下层社会中，一些失势的官僚士大夫阶层亦有。

> 丞相秀国陈公，先朝实与郑国公富公并相，五传而至其孙思永，去先世盖未甚远也。思永之女嫁与吴子晦为妻，亦是宦家之后。不能自立，家道扫地，与其妻寄寓于陈季渊之家，陈氏与针指以自给，为贫至此，为之奈何？士大夫谁无恻隐之心，苟知其事，念之可也，赒恤之可也，因其贫而利其人，诱致以为婢，此而可忍，孰不可忍！雷司户名门之后，将以功名自期，顾何利于一妇人，而自犯不韪，贻诮旦评。陈氏之母刘氏有词，官司以其为陈秀公之孙，不忍坐视其失身，永为上世之玷，不得不为施行。追到吴子晦，方且力讳其事，索到雷司户雇契，再三诘问，方据剖露。详其初欲雇之时，始则招吴子晦饮酒，诱致先留陈氏在其家一夕，次日方令立契，若将陈氏略行究问，必有甚不韪者，司正不欲尽情根究耳。②

陈思永之女本是先朝丞相秀国陈公之后，嫁与吴子晦为妻。吴子晦本也是官宦之家，但由于家道中落不能自立，迫于贫困将妻子典卖于陈季渊之家，并立有契约，"陈氏与针指以自给"，形同奴婢。吴子晦与

---

① 中国社会科学院历史研究所宋辽金元史研究室. 名公书判清明集 [M]. 北京：中华书局，1987：349.

② 中国社会科学院历史研究所宋辽金元史研究室. 名公书判清明集 [M]. 北京：中华书局，1987：382-383.

其妻都是宦门之后，竟落魄到了卖妻度日的地步，其家庭的贫穷程度可想而知。即使作为先朝丞相后人的思永之女，对于自身命运也没有选择权，只能听凭丈夫将自己典卖于陈季渊家当奴婢驱使。

第二节　典妻、雇妻、质妻

典妻、雇妻、质妻是指把妻子雇与他人作临时的妻子以收取雇金，并约期返回本夫处，其实质是买卖婚姻的一种变相形式。典妻是指男子将自己的妻子像物品一样典当、抵押出去，在一定时期内作其他男子之妻，自己则获取一定钱财，有钱后再赎回妻子的行为①。典妻习俗兴起于宋元时期，是封建社会民间的一种旧习陋俗。从宋代起，江南一带民间常有质卖及典雇妻子之事发生。典与雇有所不同，"备价取赎曰典，验日取值曰雇"②。《中国古代生活辞典》中将典妻解释为"封建社会制度下的一种恶习。贫苦穷人或因家贫，或因欠债，在无法以钱财偿还的困境下，被迫将妻妾典质给债权人为妻。这种习俗始兴于经济比较发达的宋元之际，对此，元、明、清三朝均加禁止，颁布禁行典妻的律令。典雇妻女与典妻近似，元、明时期，贫苦之人无奈之中被迫立契受财，把自己的妻女定期典雇给他人作为妻妾"③。"质妻"是"典妻"的另一种表现形式。"质"从"贝"，本义是"以物相赘"④，其中"赘"意为

---

① 邹瑜，顾明总. 法学大辞典 [M]. 北京：中国政法大学出版社，1991：929.

② 魏振瀛，徐学鹿，郭明瑞. 北京大学法学百科全书：民法学·商法学 [M]. 北京：北京大学出版社，2004：180.

③ 何本方，李树权，胡晓昆. 中国古代生活辞典 [M]. 沈阳：沈阳出版社，2003：239.

④ 许慎. 说文解字注 [M]. 上海：上海古籍出版社，1981：281.

"以物质钱"，《说文解字》中解释为"若今人之抵押也"①。"质"的本义是以物抵押取赎，后被用于婚姻中。

随着宋代经济的繁荣发展，买卖婚逐渐演变出典妻、雇妻、质妻等多种形式。典妻、雇妻、质妻都是买卖婚的表现形式，但它们之间仍有区别。典妻是以妻质钱，期满以原钱赎回，属于活卖；而卖妻属于一次性交易，无须取赎，属于绝卖。两者最根本的区别在于典妻保留了出典人的回赎权。卖妻和典妻虽然都是将自己对某女子拥有的人身支配权转让给另一个男人，但是典妻是人身支配权期限性的转让，典金（交易中出典人获得的财物）代表的是在期限内典权人拥有该女子人身支配权的代价，在交易期限内人身支配权充当的是典金利息的角色；卖妻却是对于某女子人身支配权的彻底转让，得到的钱财是对于该女子人身支配权的估价。在特殊情况下，典妻可以转化为卖妻，典与卖经常联用。比如当典妻期满而出典人没有足够的钱财去赎回典身人时，那么典妻就会转变为卖妻，典权人就彻底地拥有了该女子的人身支配权②。

在不同的历史阶段，质妻有着不同的表现形式。南北朝时期，出现"质妻"一词。《南齐书》载："建元初，狡虏游魂，军用殷广。浙东五郡，丁税一千，乃有质卖妻儿，以充此限，道路愁穷，不可闻见。"③浙东五郡百姓因贫困无力支付高昂的赋税，不得不"质卖妻儿"换取财物以充赋税，这里所说的"质卖妻儿"就是指将妻儿抵押给别人，并不是绝卖，到期后仍可赎回。隋唐和五代时期，随着经济的发展，质妻现象增多，并逐步发展为典妻、雇妻。《新唐书》云："先时，诸将

---

① 许慎. 说文解字注 [M]. 上海：上海古籍出版社，1981：281.
② 张喜月. 宋代买卖婚姻及法律规制研究 [D]. 保定：河北大学，2018.
③ 萧子显. 南齐魏书 [M]. 北京：中华书局，1974：483.

出屯，质妻子，里民不得相往来。"① "中贵人刘清谭在驿，斩首送承嗣，立质妻孥矣。"② 迨及两宋，质妻现象逐步发展为典妻，并且形式更加多样化，出现雇妻、僦妻、贴夫等表现形式。

雇妻现象在北宋时就已经出现，宋初受战争影响，"市井萧条，民益困乏，禁锢科责，没其赀产，犹不能偿，至有雇妻卖子者"③，王安石推行青苗法后，百姓负担加重，"因欠青苗至卖田宅、雇妻女、投水自缢者，不可胜数"④。事实上，封建社会对雇妻也采取"从便"的放任态度。仁宗曾有诏令："比因饥馑，民有雇鬻妻子及遗弃幼稚而为人收养者，并听从便。"⑤ 此外，有许多典雇妻女的事例在记载中称之为"售"或"鬻"。如《夷坚志》中记载潭州贫民某人两个女儿"悉售之为人妾"，然而"岁满不得归"，其母不得不"经官取之"⑥。可见，这里的"售"其实是"雇"的意思。《夷坚志》中还提到朱邦礼"买少婢曰张二姐"，又说到"顾限已满，告辞而去"⑦，可知这里的"买"指的也是"雇"，并不属于绝卖。

南宋赵子潚知临安府时规定，"禁权家僦人子女为仆妾者"⑧，"僦"为"租赁"的意思，"僦妻"即租妻。租妻与典妻不同之处在于：租妻期限短，典妻期限长。

南宋时，伴随着雇佣行业的发展，典雇妻子的现象更是风行一时。

---

① 欧阳修，宋祈. 新唐书 [M]. 北京：中华书局，1975：4782.
② 刘昫. 旧唐书 [M]. 北京：中华书局，1975：3872.
③ 李焘. 资治通鉴长编 [M]. 北京：中华书局，1995：508.
④ 李焘. 续资治通鉴长编 [M]. 北京：中华书局，2004：9360.
⑤ 李焘. 续资治通鉴长编 [M]. 北京：中华书局，2004：2682.
⑥ 洪迈. 夷坚志 [M]. 北京：中华书局，2006：869.
⑦ 洪迈. 夷坚志 [M]. 北京：中华书局，2006：1041.
⑧ 脱脱. 宋史 [M]. 北京：中华书局，1985：8747.

两浙地区经济较为富庶，当地百姓以金钱利益为上，甚至有公然允许妻子红杏出墙的"贴夫"现象，庄绰在《鸡肋编》载："两浙妇人皆事服饰口腹，而耻为营生，故小民之家，不能供其费者，皆纵其私通，谓之贴夫。"① 这种现象出现在乡舍邻里，大家也不足以为怪。另有楼钥记载"贴夫"案例：

> 僧讼一民负钱至数百缗，君（作者按：地方官）疑之，问民妻安在，曰："近鬻于人矣。"即诘僧曰："此人甚窭，何屡货之？汝必私其妻，妻鬻，故讼尔。"僧拙。②

此案例讲述一僧人状告一男子欠其债钱百缗，后在地方官员的盘问下才知，原来是因之前民妻与僧私通，所谓的负债，是民妻的"贴夫钱"。该男子将妻子卖鬻与人，僧人无法再与其私通，所以将小民告上官府。无独有偶，洪迈在《夷坚志》也记载了类似的例子：

> 河中市人刘庠，娶郑氏女，以色称。庠不能治生，贫悴落魄，唯日从其侣饮酒。郑饥寒寂寞，日夕咨怨，忽病肌热，昏冥不知人，后虽少愈，但独处一室，默坐不语，遇庠辄切齿折辱。庠郁郁不聊，委而远去。郑掩关洁身，而常常若与人私语，家众穴隙潜窥，无所睹。久之，庠归舍，入房见金帛绮盈室，问所从得。郑曰："数月以来，每至更深，必有一少年来，自称五郎君，与我寝处，诸物皆其所与，不敢隐也。"庠意虽怏怏，然久困于穷，冀以小康，亦不之责。③

材料中刘庠因生活困苦，冀求金钱财富，为改善家境，只好容忍妻子与别人私通。无论是两浙地区的"贴夫"现象，还是材料中的刘庠，

---

① 庄绰. 鸡肋编 [M] //上海古籍出版社. 宋元笔记小说大观. 上海：上海古籍出版社，2001：733.
② 楼钥. 楼钥集 [M]. 杭州：浙江古籍出版社，2010：1934.
③ 洪迈. 夷坚志 [M]. 北京：中华书局，2006：717.

事实上，没有一位做丈夫者甘心坐视妻子与他人通奸而不顾，不过人穷志短，缘于经济拮据而贪图金钱，丈夫对妻子不贞的行为只得忍气吞声了。

元世祖灭南宋不久，有官员上书提到江南盛行"败坏风俗"的典妻雇妻恶俗，有违人伦，请求朝廷禁止。元廷采纳其建议，颁令禁止："诸以女子典雇于人，及典雇人之子女者，并禁止之。若已典雇，愿以婚嫁之礼为妻妾者，听。诸受钱典雇妻妾者，禁。其夫妇同雇而不相离者，听。诸受财嫁卖妻妾，及过房弟妹者，禁。转卖为奴婢者，禁止。"① 然而，江南等地的典妻、雇妻之习已根深蒂固，仅凭朝廷的一纸令文，收效甚微。

总之，宋代典妻形式多、范围广，是典妻婚发展的历史中的一个重要阶段，后世对于典妻婚的研究，多认为宋代是典妻婚成熟与兴盛的阶段，这与宋朝经济空前繁荣、租典制度的推动是密不可分的②。

第三节　妾的买卖

妾的买卖在历史上由来已久，纳妾和蓄妾被人们视为十分正常的现象。但在古代早期，妾只是地位相对较高的婢女，用来充当男性纵欲享乐的工具。到了宋代，情况开始发生变化，妾获得了妻子在某些方面的身份和地位。《宋刑统》云："娶妾仍立婚契。即验妻妾，俱名为婚。"③

---

① 宋濂. 元史 [M]. 北京：中华书局，1976：2642.
② 这些研究包括叶丽娅的《典妻史》、徐海燕的《略论中国古代典妻婚俗及其产生根源》、许颖的《法律与社会：从中国古代典雇妻女现象说起》、吕柳莹的《中国古代典雇婚姻的法史探讨》等。
③ 窦仪. 宋刑统 [M]. 北京：中华书局，1984：247.

《宋刑统》中称买妾为娶妾，这就意味着，从法律的角度讲，纳妾与娶妻一样，都是属于婚姻的范畴。柏文莉指出，宋律规定，妾与主人的关系是婚姻关系，尽管妾可以是主人买来的，但因纳妾需要立婚契，法律要求妾应该是良家妇女。因此，至少在法律上，妾的良人身份和婚契凭证显然有别于作为奴仆和贱民的婢①。妾的买卖具有了买卖婚姻的性质，从而成为财婚的特定形式。

两宋时期，妾的买卖之风更为常见。一方面，随着宋代货币经济的迅猛发展和遍布全国的城市商业化，男人用钱换取女人的机会稳定地增多了。到了北宋中期，那些从前满足于流连院所、狎妓亵玩的男人愿意把这类女人买回家去做妾，因此，随着上层阶层的扩大，为他们的家庭提供婢女或妾的女人市场也出现并扩大了②。另一方面，宋代最高统治者大肆提倡享乐思想，不仅自己有"三千粉黛，八百娇娥"③，还鼓励臣下买妾④。因此，整个宋代的妾买卖现象十分普遍，出现了所谓的"上有毫发之意，则下有丘山之取"⑤ 的局面，以至于形成了专门的人口买卖市场，并有专门从事人口买卖中介活动的牙侩，又称"牙人"或"牙嫂"。其中，北宋的汴京和南宋的临安人口买卖市场最大。北宋汴京"觅女使即有引至牙人"⑥，南宋临安"如府宅官员、豪富人家，

---

① 张国刚. 家庭史研究的新视野 [M]. 北京：生活·读书·新知三联书店，2004：207-208.

② 伊沛霞. 内闱：宋代的婚姻和妇女生活 [M]. 胡志宏，译. 南京：江苏人民出版社，2004：218.

③ 屠隆. 昙花记 [M]. 杭州：浙江古籍出版社，2012：164.

④ 李焘. 续资治通鉴长编 [M]. 北京：中华书局，2004：50.

⑤ 李焘. 续资治通鉴长编 [M]. 北京：中华书局，2004：8785. 此外，苏辙在《龙川别志》中记载，"真宗临御岁久，中外无虞，与群臣燕语，或劝以声妓自娱。王文正公性俭约，初无姬侍，其家以二直省官治钱，上使内公门司呼二人者，责限为相公买妾，仍赐银三千两"。（苏辙. 龙川别志 [M]. 北京：中华书局，1982：74.）

⑥ 孟元老. 东京梦华录笺注 [M]. 北京：中华书局，2007：338.

欲买宠妾、歌童、舞女、厨娘、针线供过、粗细婢妮，亦有官私牙嫂及引致等人，但指挥便行踏逐下来"①。庞德新对宋代开封和临安妾的买卖情况曾谈道："主翁对于姬妾，是有绝对支配权的。……在主翁眼里，他们与玩物何异？大概把姬妾当作货物一般，随便典卖，在当时已经是'司空见惯闲时'了。"② 下文就宋代妾买卖的双方及买卖程序做进一步探讨。

卖者，主要是贫民和难民（由于战争、天灾、疾病等生活无着落、流离失所、需要离开原居地的人），包括沦为贫民的中、上层女性，以娼妓、民女、民妻为多，这些女子因迫不得已而被卖为人妾。如长安女子李姝，"娼也，家甚贫，年未笄，母已售宗室四王宫，为同州节度之妾"③。永嘉人蒋教授行于山中，忽闻岭上父女二人拦道哭泣，问其缘由，父曰："从军二十年，方得自便，不幸遇盗，挈我告身去。将往吏部料理，非五十万钱不可办。甚爱此女，今割爱鬻之，行有日矣，故哭不忍舍。"④ 也有一些市井无业游民，把卖女做妾当婢作为谋取钱财的手段，以至于宋代"京都中下之户，不重生男，每生女则爱护如捧璧擎珠。甫长成，则随其资质，教以艺业，用备士大夫采拾娱侍"⑤。姿色艺业低下者，被卖为婢；姿色艺业高的，则出卖为妾。一些落魄的官宦家族女子也常被卖为人妾，借此临时解决经济困难，如冯京父亲至京师买一妾，"问妾所自来，涕泣不肯言，固问之，乃言其父有官，因纲

① 吴自牧. 梦粱录 [M]. 郑州：大象出版社，2019：410.
② 庞德新. 宋代两京市民生活 [M]. 香港：龙门书局，1974：134-142.
③ 洪迈. 夷坚志 [M]. 北京：中华书局，2006：1309.
④ 洪迈. 夷坚志 [M]. 北京：中华书局，2006：195.
⑤ 廖莹中. 江行杂录 [M]. 郑州：大象出版社，2019：99.

运欠折，鬻妾以为赔偿之计"①。类似的例子还有王安石买妾还其夫的美谈②。此外，还有部分被强夺、骗走或拐走的上、中、下层女子。绍兴初，"四方盗寇未定，汴人王从事挈妻妾来临安调官"，王出外赁屋，"奸人窃闻之，遂诈舆至女侩家而货于宰，得钱三十万"，西安宰"以为侧室"③。而每逢一些节日，往往有许多单身女子出门游玩，因她们很少出行，不识路途，则容易成为人口贩子觊觎的对象。比如宣和中期，"京师士人元夕出游"，有一美貌女子与同伴离散，自云："我逐队观灯，适遇人极隘。遂迷失侣，今无所归矣"，士人以言诱之，该女欣然曰："我在此稍久，必为他人掠卖，不若与子归。"④ 甚有女子为生活所迫，在走投无路、无以为生时，自卖为妾者。洪迈所撰的《夷坚志》中的逸闻故事中女人自卖之事并不罕见。拱州郑公肃右丞（雍）侄某，时值饥荒，每天有大量流民从门前经过。某日，郑看见"有妇人尘土其容，而貌颇可取"，便问她是否愿留下做妾，女子回答："我在此饥困不能行，必死于是，得为婢子，幸矣。"于是"召女侩立券，尽以其当得钱为市脂泽衣服"⑤。淳熙四年（1177），建昌新城县一位游商的寡妇，在丈夫死后无以为生，敲门请求姜五收留她做婢女或妾⑥。这些自卖的女性宁愿选择做地位低下的婢女或者妾，也不愿饿死在路旁或者沦落于青楼。

而买者，主要是官僚贵族及富商大贾。儒学大儒朱熹也赞成纳妾，

① 罗大经. 鹤林玉露［M］//上海古籍出版社. 宋元笔记小说大观. 上海：上海古籍出版社，2001：5284.

② 刘斧. 青琐高议［M］//上海古籍出版社. 宋元笔记小说大观. 上海：上海古籍出版社，2001：109.

③ 洪迈. 夷坚志［M］. 北京：中华书局，2006：631.

④ 洪迈. 夷坚志［M］. 北京：中华书局，2006：65.

⑤ 洪迈. 夷坚志［M］. 北京：中华书局，2006：115.

⑥ 洪迈. 夷坚志［M］. 北京：中华书局，2006：1753.

他曾跟弟子们说:"有妻有妾,方始成个家。"① 宋代商品经济的发展,使得金钱的作用增大,一般有钱人也能够购置妻妾。仁宗时期,开封一位李氏富人,"主人方二十岁,并无昆弟,家妾曳罗绮者数十人"②;南宋钟士显的岳父林氏,"富人也,用千缗买美妾"③;绍兴四年,隆兴府富人周生,见一老父王七公携其女拜谒,其女"容色美丽,善鼓琴弈棋、书大字、画梅竹。命之歌词,妙和音韵",周生"悦其貌,且兼负技艺过绝人",但因周生已有妻室,故欲买其为妾,老父欣然同意,议酬以"官券千缗",老父"呼牙侩立契约,即留女而受券去"④。

无论是官僚还是富商,其买妾的目的并不相同:有的是为了生育子嗣,如冯京的父亲冯高,"壮岁无子,……其妻(富弼女)授以白金数笏……及京师买一妾"⑤。有的是为了纵欲求欢、歌舞娱乐,如京师医师能太丞,因其"艺术显行,致家资巨万,晚岁于城外买名园,蓄姬妾十辈"⑥。有的蓄妾则为人情,如北宋初年王小波、李顺起义失败后,朝廷禁止入蜀赴任的官员携带家属,因此他们只能就地买妾照料日常生活。后张咏赴任当地,属下官员"惮张之严峻,莫敢蓄婢使者"。张咏得知后,为了"不绝人情",公开买了一妾,属下官员才放心地买妾了⑦。有的是为了献媚于上,以求仕途通达,如韩侂胄曾有一爱姬,因犯错误被出,钱塘知县程松闻听说了这件事后,"亟赂牙侩,以八百千

---

① 黎靖德. 朱子语类 [M]. 北京:中华书局,1986:1828.

② 彭乘. 墨客挥犀 [M]. 北京:中华书局,2002:371.

③ 洪迈. 夷坚志 [M]. 北京:中华书局,2006:322.

④ 洪迈. 夷坚志 [M]. 北京:中华书局,2006:1755.

⑤ 罗大经. 鹤林玉露 [M] //上海古籍出版社. 宋元笔记小说大观. 上海:上海古籍出版社,2001:5284.

⑥ 洪迈. 夷坚志 [M]. 北京:中华书局,2006:259.

⑦ 魏泰. 东轩笔录 [M]. 北京:中华书局,1983:110.

市之"，紧接着就送给了上司韩侂胄，程松也因此而得到了提拔①。这些官僚和富商们"独溺于声色，一切无所顾避"②，在胭脂红粉、温柔富贵乡里丧身殒命者不乏其数，但仍"前覆后继曾不知悟"③。一些人买妾的目的名义上是"续嗣""照料生活"，实质上仍是为满足自己的淫欲或是显摆自己腐朽堕落的封建生活方式而已。

宋代除了买妾，还存在着借妾的情况。借妾其实是典妻的一种衍生形式，双方并不涉及财物往来，这种关系的形成依靠的是彼此的"交情"。潘良贵的生母便是潘父好友已生子的妾婢借来的。"陈了翁之父尚书与潘良贵之父义荣，情好甚密。潘一日谓陈曰：'我二人官职年齿，种种相似，独有一事不如公，甚以为恨。'陈问之，潘曰：'公有三子，我乃无之。'陈曰：'吾有一婢，已生子矣，当以奉借。他日生子即见还。'即而遣至，即了翁之母也。未几生良贵，后其母遂来往潘陈两家焉。"④

妾的买卖一般来说需要由牙人（媒婆、牙婆）订立契约，通过转卖、转典、妇女自卖等方式来完成。纳妾订立了契约，方意味着合法，否则便是非法的人口买卖。但有时人贩子也会通过订立契约将非法的人口买卖伪装成合法的。下面以敦煌出土的《宋淳化二年（991）押衙韩愿定卖妮子契》与元初编撰的《新编事文类要启札青钱》为例来说明买卖婚姻的一般程序：

① 沈括.梦溪笔谈校正 [M].上海：上海古籍出版社，1987：350.
② 周煇.清波杂志 [M]//上海古籍出版社.宋元笔记小说大观.上海：上海古籍出版社，2001：5040.
③ 王楙.野客丛书 [M]//纪昀，永瑢.景印文渊阁四库全书.台北：台湾商务印书馆，1986：786.
④ 潘永因.宋稗类钞 [M].北京：书目文献出版社，1985：72.

1.《宋淳化二年（991）韩愿定卖妮子契》

淳化二年辛卯岁十一月十二日立契押衙韩愿定，伏缘家中，用度不擐，欠阙匹帛。今有家妮子花名壖胜，年可二十八岁，出卖与常住百姓朱愿松妻等，断偿人女价生熟绢五匹。当日现还生绢三匹，熟绢两匹限至来年五月尽填还。其人及价更相分付，自卖已后，任承朱家男女世代为主。中间有亲情眷表识认此人来者，一仰韩愿定及妻七娘子面上觅好人充替。或遇恩赦流行，亦不在再来论理之限。两共面对商仪［议］为定，准格不许反悔；如若先悔者，罚楼绫一匹，仍罚大羯羊两口，充入不悔人。恐人无信，故勒此契，用为后凭。

其人在患比至十日已后不用休悔者［押］

买身女人壖胜［押］

出卖女人娘主七娘子［押］

出卖女人郎主韩愿定［押］

同商量人袁富深［押］

知见报恩寺僧丑挞［押］

知见龙兴寺乐善安法律［押］

内熟绢一匹，断出褐六段，白褐六段，计十二段，各丈［长］一丈二，比至

五日尽还也。［押］①

太宗淳化二年，韩愿定因家中欠缺布帛，于是将年方二八岁的女婢壖胜出卖给当地百姓朱元松，价格为"生熟绢五匹"，并规定交易当天应先支付"生绢三匹，熟绢两匹"，余下的钱财应在第二年五月前全部

---

① 中国科学院历史研究所资料室. 敦煌资料（第一辑）［M］. 北京：中华书局，1961：318-319.

结算完。可见，朱元松买婢女的钱财并不是一次付清。

其后，契约中又规定了买卖的性质，规定女婢壏胜"自卖已后，任承朱家男女世代为主""中间有亲情眷表识认此人来者，一仰韩愿定及其妻七娘子面上觅好人充替"，这表明交易属于绝卖，此后女婢壏胜一切人身自由应由其主人韩愿定及其妻七娘子做主。如果朝廷恩赦，"亦不在再来论理之限"。紧接着，为了使此次交易顺利进行和更有保障，买卖双方约定了追夺担保与恩赦担保。一旦一方毁约，则要付出一定的赔偿，罚"楼绫一匹，仍罚大羯羊两口"。此外，还要对被买卖女婢的瑕疵担保，如果此人身有疾病，那么允许买主在十日内毁约。最后交易双方需要在契约上签字画押方才生效。

因为此次交易并不是一次性完成的，购买方并没有完全支付被卖女婢的全部"身价"，所以这里需要一定的信誉担保，两个与寺院有关的押则带有见证作用。最后，对所欠财物作了详细说明，以免日后的纠纷。

纵观此契约，女婢买卖交易双方的权利与义务十分明确，贸易双方能够根据交易的特殊性做出相应的弹性规定，对于交易中的相关担保问题也做了较为完善的处理。由此可见，宋朝初期对于买卖女性人口已经形成一套完整的交易程序，这套程序同时又使女性人口买卖能更加顺利进行。

2. 元初编撰的《新编事文类要启札青钱》

《新编事文类要启札青钱》中也保留了相当多的宋代民间习惯，其中有一份雇女子书，实际上则是一份买妾的婚契，详细如下：

雇女子书式

某乡某里姓某

右某有亲生女名几姐，今已年高，未曾嫁事。诚恐耽误前程，遂与妻阿氏商议，情愿托得某人为媒，将本女不立年限，雇与某里某人为妾，即日交多礼物于后金钗一对，采段一合。

已上共折中统钞若干贯文，交领足讫，更无别领。所雇本女几姐，的（是）未曾许事他人，即目（日）凭媒，雇与某人为妾，是某中（心）情愿，于条无碍。如有此色，且媒人并自知，当不涉（雇主）之事。或女子几姐在宅，向后恐有一切不虞，并是天之命也。且某更无他说。今恐无凭，立此为用。谨书。

某年某月某日，父姓某号某书
母阿氏某号某

从这份契约中可知，文件名称为"书式""谨书"或"书"，而不直接称为"契"，中介者称为媒人，并要经过父母的同意及签字，这些都是婚书的特点。值得注意的是，在这份书式中反复强调女子的婚姻状况符合宋代法律对妾应该是良家妇女的规定[①]；卖妾的钱财为"金钗一对，采段一合"，实际所支付的可能是贯钞；书式中约定妾的工作年限不限，也符合婚姻乃终身之事的要求；"向后恐有一切不虞，并是天之命也"，雇主不用承担任何责任。可见，妾的地位在婚姻中是处于极其边缘的位置，需要时即被使用，不需要时则可扔掉，雇主对其的生命、财产拥有绝对支配权。正如游慧远所言，妾对自己的身份、地位、生命、财产，自是没有任何自主权的，她们仅是"工具"，被"彻底物化"[②]。

综上所述，宋代妾的身份和法律地位的变化，使妾买卖具有婚姻的性质。而妾买卖的普遍化、正常化、程序化，构成了宋代财婚现象的一个重要组成部分。

---

① 窦仪. 宋刑统［M］. 北京：中华书局，1984：249.

② 游慧远. 宋代民妇的角色与地位［M］. 台北：新文丰出版社，1987：91-108.

第四节　宋代特殊形态财婚的法律规制
——以《名公书判清明集》为例

上文对宋代财婚的一般形态和特殊形态的具体内容做了较翔实的分析。本节在上文的基础上，对宋代财婚的特殊形态买卖婚姻做进一步的个案分析。本节围绕宋代民间司法诉讼政书《名公书判清明集》中关于买卖婚姻的司法案件，探讨宋代政府对基层买卖婚姻的法律规制，以期能够更加具体、真实、立体地展现宋代民间的婚姻生态。

两宋时期，宋代政府对人口买卖是严格禁止的，对妇女买卖相关的刑法较为严酷。《宋刑统》中有规定："诸略人、略卖人为奴婢者，绞；为部曲者，流三千里；为妻妾、子孙者，徒三年。和诱者，各减一等。若和同相卖为奴婢者，皆流二千里；卖未售者，减一等。即略、和诱及和同相卖他人部曲者，各减一等。"① 但是在不同的历史时期，买卖妇女的刑法严苛不一。北宋嘉祐（1056—1063 年）和政和（1111—1118年）年间妇女买卖的法律规制略有松动。嘉祐条法与政和条法在原有刑法基础上分别减轻了惩罚，"欲将斗殴盗博引用嘉祐条法外，其余将嘉祐与政和敕参酬相照，合从轻"②。如"略和诱人为人力女使，《嘉祐敕》依略和诱人为部曲律减一等，《政和敕》论如为部曲律，合从嘉祐减一等之类。"③ 即政和条法在嘉祐条法的基础之上再减一等。对参与买卖的买主，宋律也有相关规定。对于知情的买主与买后知情的买主，

---

① 窦仪. 宋刑统 [M]. 北京：法律出版社，1999：356.
② 徐松. 宋会要辑稿 [M]. 上海：上海古籍出版社，2014：8246.
③ 徐松. 宋会要辑稿 [M]. 上海：上海古籍出版社，2014：8246.

《宋刑统》云："诸知略、和诱、和同相卖及略、和诱部曲、奴婢而买之者，各减卖者罪一等。知祖父母、父母卖子孙及卖子孙之妾，若已妾而买者，各加卖者罪一等。辗转知情而买，各与初买者同。虽买时不知，买后知而不言者，亦以知情论。"① 至于不知情的买主原本就属于受害者，对其没有相关处罚的规定。如《续资治通鉴长编》载：

霸州言："得北界永清都监牒，部民李家兴先以钱二十千赎得南界掠来妇人阿杜为妻，近同至霸州蓠席，为前夫齐鸾擒去，请追捕还付加兴，本州以杜本鸾妻，难复追还，已牒报讫。"上曰："此乃修好前所掠，或再有求索，当官位出所赎钱以还加兴。"②

上述材料中有部民李加兴以"钱二十千"赎得南界被掠妇人阿杜为妻，但后来阿杜被其前夫齐鸾带走。对这一事件，霸州官员认为，阿杜本为齐鸾妻子，难以追回，部民李加兴因为并不知情，他的损失则由官方出钱补偿。

下文以《名公书判清明集》为例，对其有关买卖妇女导致的婚姻诉讼案例进行考察分析，以此来论述宋代对买卖婚姻的法律规制及宋代财婚屡禁不止的原因。

一、宋代政府对买卖妻、妾、女使的法律规制

（一）姜百三因贫卖女案

《名公书判清明集》卷九《户婚门·婚嫁·女已受定而复雇当责还其夫》载：

此事当职元断未免疎略，缘不曾引上姜一娘供责。今据姜一娘所

---

① 窦仪. 宋刑统 [M]. 北京：法律出版社，1999：360.
② 李焘. 续资治通鉴长编 [M]. 北京：中华书局，2004：1334.

供，康宅曾将此女转嫁吴亚二家，得钱矣。今见阿吴论取，却作徐贡元名担庇。姜百三卖已受定之女，固为有罪，其计出于贫困无聊，今形状累然若此，安得有钱可监？迁延日久，使人父子、夫妻散离而不得合，亦仁人君子所宜动心也。昔荆国王文公捐钱九十万买妾，闻其夫因运米失舟，卖妻以偿，亟呼还之，使为夫妇，此岂非吾党所当共慕。徐贡元方有志科第，闻此宜为之动心矣。引示干人取状，仍先责姜一娘还其夫成婚，如法。[①]

上述案例中，姜百三因贫困嫁卖女儿姜一娘，先嫁卖给吴家，在已受订的情况下，又将其嫁卖于亚家，这样一来，姜百三收受了两家的钱财。姜百三卖女本身并没有触动当时的法律红线，其触犯法律的原因是姜百三在其女姜一娘已受定的情况下将其再次嫁卖给他人。宋代男女双方举行定聘之礼后，意味着基本上已经确立夫妻关系，下定礼是定聘礼的第一步。案件中，吴家不满姜百三的做法，将其告上公堂，并请求新科省元徐贡元做其担保人。从案件的处理结果来看，由于下定后的婚姻已经具有了一定的法律效力，这样一来，姜百三受订后再嫁女的行为就已触犯法律了。法官也提到，姜百三卖女出于"贫困无聊"，案件若是迟迟不判，必然造成夫妻离散。在这些人情因素的综合作用下，法官判处姜一娘夫妻婚姻如故，而姜百三因贫困无奈反复卖女，没有受到实质性的处罚。可见，在宋代，嫁卖女儿为人妻妾是一种十分常见的现象，即使像姜百三这样同时嫁卖女儿于两家触犯了法律，也没有受到实时性的惩处，这样的从轻惩处或无惩处行为无疑会进一步加剧基层社会财婚现象的发生。

---

① 中国社会科学院历史研究所宋辽金元史研究室. 名公书判清明集 [M]. 北京：中华书局，1987：345.

（二）吴重五女反复嫁卖案

《名公书判清明集》卷九《户婚门·婚嫁·定夺争婚》载：

吴重五家贫，妻死之时，偶不在家，同姓人吴千一兄弟与之折合，并携其幼女以往。吴重五归来，亦幸其女之有所归，置而不问。未几，吴千一、吴千二将阿吴卖与翁七七为媳妇，吴重五亦自知之，其事实在嘉定十三年十一月。去年八月，吴重五取其女归家，至十一月，复嫁与李三九为妻，致翁七七经府县有词。追到吴千二等供对，却称先来系谋娶得阿吴为妻，自知同姓不便，改嫁与翁七七之子。同姓为亲，抵冒法禁，离正之可也，岂应改嫁，接受财礼。吴千二将阿吴嫁与翁七七之子，固是违法，然后来已自知情，又曾受过翁七七官会二贯文，岂应复夺而嫁之？合将阿吴责还翁七七之子。但阿吴既嫁李三九，已自怀孕，他时生子，合要归着，万一生产之时或有不测，则吴重五、李三九必兴词讼，不惟翁七七之家不得安迹，官司亦多事矣。当厅引上翁七七，喻以此意，亦欣然退归，听不愿理取，但乞监还财礼，别行婚娶。吴责还李卅九交领。吴千一、吴千二、吴重五犯在赦前，且与免断，引监三名备元受钱、会，交还翁七七。①

本案较为复杂，案中吴重五先将女儿阿吴嫁给吴千二，吴千二又将其卖给翁七七为儿媳妇，并且获取了翁七七官会两贯文，这也是吴千二卖妻的价格。吴重五又在知情的情况下将女儿带回家，之后又将女儿转嫁给李三九。翁七七于是将吴千二、吴重五、李三九告到官府。在翁七七与吴重五、吴千二几人对簿公堂时，吴千二狡辩因为与阿吴属于同姓为婚，所以才将其转卖给翁七七。但依法"同姓为亲，抵冒法禁，离

① 中国社会科学院历史研究所宋辽金元史研究室. 名公书判清明集 [M]. 北京：中华书局，1987：348.

正之可也，岂应改嫁，接受财礼"，因此吴千二应与阿吴和离，而不是将其转卖，在这一桩买卖中，吴千二已然触犯了相关法条。作为阿吴的父亲吴重五，对吴千二卖妻另嫁已是知情，并没有表示反对意见，所以翁七七之子与阿吴的婚姻是具有效力的。但是吴重五不久又将阿吴接回家，三个月后又将女儿阿吴转嫁给李三九。吴重五一女两嫁，触犯了相应婚姻法规，故阿吴与李三九的婚姻属于违法婚姻，按律应将阿吴归还翁七七之子。但是在本案中，因案件审理时阿吴已经怀孕，出于人情考虑，法官将阿吴判归李三九，而吴重五几人违法之事因在政府赦免之前发生，法官判处其赔偿翁七七的损失，即"引监三名备元受钱、会，交还翁七七"。通过此案件可以看出，在基层社会，某些时候人情对案件的影响甚至超过法律的约束能力。宋代官员在受理司法案件时，往往会根据人情的因素综合考量，使得法律对百姓的束缚力大打折扣，这也是导致宋代财婚风气愈演愈烈的重要因素之一。

（三）梁自然和诱卓清夫女使雇卖案

《名公书判清明集》卷十二《惩恶门·诱掠·诱人婢妾雇卖》载：

梁自然和诱卓清夫女使碧云，藏匿在家，经隔五日，其妻阿陈将碧云髻剪下，诱去雇卖，致卓清夫有词。屡追不出，却经府入词，称本县将祖母绷吊，以掩其诱人奴婢之罪。准使府专人押下县对讦申，责据梁自然供招分明。梁自然既和诱人家女使，后剪其髻，又诬诉县吏，系二罪俱发，合从重。照得在法：髡髪，徒一年半。欲将剪髻之罪，比附上条，减等放，徒一年上定断；或从轻，勘杖一百。本县未敢专，辄申府，取自行下使府，判察推看详。据建阳县申到卓清夫论诉梁自然，将女使碧云诱去剪髻藏匿事，知县书拟，欲将梁自然照法比附，徒一年，或从轻勘杖一百。蒙送某看详，呈：照得梁自然引诱卓清夫女使，供招已明，但剪髻一节，供称其妻阿陈下手。阿陈既不出官，合将梁自然收罪。若从徒罪科断，便合其妻坐罪。但梁自然既供通引诱匿，情节分明，又复经府，妄词诬执，以掩其罪，自合科断。欲照知县书拟行下，将梁自然勘杖一百，仍押下县界，坐以髡髪之罪。更合取自台旨。奉判府台判，从行。①

此案属于典型的略诱案件。在此案中，梁自然和诱卓清夫女使碧云，先藏匿其于家中，五日后梁自然妻剪其发髻，诱去雇卖。在官吏查案过程中又诬陷官吏绷吊其祖母，二罪并发，理应从重判罚，"照得在法：髡髪，徒一年半。欲将剪髻之罪，比附上条，减等放，徒一年上定断"。但官府在实际审判中最终选择从轻判案，将梁自然堪杖一百，仍押下县界，坐以髡髪之罪。按照《宋刑统》《嘉祐敕》和《政和敕》的规定，此案最终的判决都属于轻判。宋代对和诱人口买卖处罚的轻重程度直接影响着社会中类似事件的发生率，官府对和诱人口处罚力度较轻，使社会中略诱人口事件始终无法消失，这也是两宋时期人口贩子猖狂的原因之一。此外，宋代官府对诱卖拐骗妇女的处罚并不严重，出现了专门拐卖诱骗妇女的"牙媼"，在诸多的略诱官司中，"牙媼"一般不会受到惩处②，这使得这些不法分子有恃无恐，也导致了两宋时期非法买卖婚姻现象愈演愈烈，不仅在婚姻中买卖关系越来越明显，而且变相的买卖婚姻形式也有了发展的土壤。

---

① 中国社会科学院历史研究所宋辽金元史研究室. 名公书判清明集 [M]. 北京：中华书局，1987：451.
② 《夷坚志》中记载，侍婢因迷路在广备桥被牙媼诱拐卖入耿愚家，在买卖之前，不知因何种原因，这位妇女声称自己无夫，后其夫寻上门来，将耿氏告到了开封府，开封府的判决为"夫以余直偿耿氏而取其妻"，之后耿氏上诉御史台，因妇人失踪而不了了之。在案中，开封官府对被骗的耿氏和侍婢之夫做了处理，而对诱拐妇人的牙媼并没有作出任何的惩罚。洪迈. 夷坚志 [M]. 北京：中华书局，2006：435.

二、宋代财婚中的典妻、雇妻的法律规制

如前文所述，宋代特殊的财婚形式，除了妻妾的买卖之外，还衍生出一些变相的婚姻买卖形式，即典妻、雇妻。在典妻案件的处理中，法官一般引用户婚律，"诸和娶人妻及嫁之者，各徒二年，妾减二等，各离之。即夫自嫁者亦同"①。后来宋律又规定，"雇妻与人者，同和离法"②，这在南宋的一些司法判案实践中被官员引用。显然，对于雇妻现象，宋代国家法律的惩处有日益松弛之态势。

虽然典雇妻妾受到宋律的禁止，也会遭遇传统道德的指责和排斥，然而当人们在面对生存困境的时候，仍然会通过典雇妻妾来获得生存的空间和机会。对民间屡禁不止的典雇妻妾行为，统治阶级在饥荒、灾难等特殊时期往往会通过国家强制要求或赎买的方式来减少此类情况的发生。如真宗景德元年，诏"京西诸州军，淳化中雇饥民男女役使者，悉还其父母"③，后仁宗皇帝又曾采纳"比诏淮南民饥，有以男女雇人者，官为赎还之"的建议④。仁宗景祐年间，由于国家财政的吃紧，暂时放松了对灾民典雇妻子的救济。景祐元年（1034 年），仁宗皇帝下诏"比因饥馑，民有雇鬻妻子及遗弃幼稚而为人收养者，并听从便"⑤。自此，特殊时期作为度荒手段的典雇妻妾就不再受到法律的约束了。《名公书判清明集》中留存下了许多基层法官的判词，再结合宋代文人的笔记小说，可以管窥宋代民间典雇妻妾的一般情况。

---

① 窦仪. 宋刑统［M］. 北京：中华书局，1984：223.
② 中国社会科学院历史研究所宋辽金元史研究室. 名公书判清明集［M］. 北京：中华书局，1987：383.
③ 李焘. 续资治通鉴长编［M］. 北京：中华书局，2004：1278.
④ 李焘. 续资治通鉴长编［M］. 北京：中华书局，2004：2597.
⑤ 李焘. 续资治通鉴长编［M］. 北京：中华书局，2004：2682.

（一）阿邵为其夫改嫁案

《名公书判清明集》载：

谨按律曰：诸和娶人妻及嫁之者，各徒二年，即夫自嫁者亦同，仍两离之。又曰：诸妻擅去，徒二年。叶四有妻阿邵，不能供养，自写立休书、钱领及画手模，将阿邵嫁与吕元五，父子共交去官会三百贯，尚有未尽会二百贯寄留叶万六家。既已亲书交钱，又复经官陈理，若如此而可取妻，是妻可以戏卖也。吕元五贪图阿邵为妻，令裴千七夫妻与杨万乙啜诱叶四，虽已写约，尚未心服，而遽占留阿邵在家。若如此而可得妻，是妻可以力夺也。律有两离之法，正为此等。阿邵身为叶四妻，虽夫不良，且合依母，遽委身于吕元五，惟恐改嫁之不速。如此而可免罪，是妻可以擅去也。三名按法各得徒罪，且就本县各勘杖一百，照条两离之。叶四、吕元五皆不得妻，阿邵断讫，责付牙家别与召嫁。杨万乙、裴千七、叶万六不安本业，辄造事端，和离人妻，亦合徒断。杨万乙、裴千七知情押契，两人各勘杖一百。叶万六不知本谋，只是受寄官会，勘杖六十。叶千七、阿郑各系所由违法离嫁，亦合收罪，念其年老，各且免科。索到赃钱没官，裴千七案后追断。①

此案属于典妻婚姻引发的司法纠纷。叶四因为贫穷把妻子阿邵典嫁给了吕元五，其具体程序是："自写立休书、钱领及画手模"，并先交付给叶四官会三百贯，余下未支付的二百贯暂时寄留在叶万六家。但约定到期后，吕元五贪图阿邵为妻，并未如约归还阿邵，反令裴千七夫妻与杨万乙啜诱叶四，企图继续霸占阿邵。在最后的判词中，法官对案件中涉事人物都进行了相应的惩罚。对叶四与吕元五的判决依据《宋刑

---

① 中国社会科学院历史研究所宋辽金元史研究室. 名公书判清明集 [M]. 北京：中华书局，1987：352.

统》的规定，各杖一百，徒两年，两离之，双方皆不得妻。阿邵本人在这场交易中也并非完全是被动的状态，法官认为其"委身于吕元五，惟恐改嫁之不速"，所以阿邵也受到了"杖一百"和"责付牙家别与召嫁"的判决。由此可见，在男权占主导的封建社会底层，妇女是不能表现出过多的自主意识，否则就会被主流社会视为"忤逆"，给予一定的惩处。此外，对于促成双方交易的杨万乙、裴千七、叶万六三人，"不安本业，辄造事端，和离人妻"，判为徒刑，其中杨万乙、裴千七因为知情并帮其啜诱判杖一百，叶万六因不知情，因此只是受牵连得杖六十。此外，叶千七、阿郑两人因为年老免于刑罚。在此案中，除叶千七、阿郑因年老未被处罚，其余人等都在律法规定的判决外由法官酌情处以杖刑作为附加刑。显而易见，人情世故对宋代法律的实践有较大的干扰。

（二）官族雇妻案

《名公书判清明集》载：

士大夫之后，其子孙有贤有不肖，固不能保其长有富盛，不坠其家世。然不幸至于流落失所，莅官行法者，得不为之恻然动心乎！丞相秀国陈公，先朝实与郑国公富公并相，五传而至其孙思永，去先世盖未甚远也。思永之女嫁与吴子晦为妻，亦是宦家之后。不能自立，家道扫地，与其妻寄寓于陈季渊之家，陈氏与针指以自给，为贫至此，为之奈何？士大夫谁无恻隐之心，苟知其事，念之可也，赒恤之可也，因其贫而利其人，诱致以为婢，此而可忍，孰不可忍！雷司户名门之后，将以功名自期，顾何利于一妇人，而自犯不韪，贻诮旦评。陈氏之母刘氏有词，官司以其为陈秀公之孙，不忍坐视其失身，永为上世之玷，不得不为施行。追到吴子晦，方且力讳其事，索到雷司户雇契，再三诘问，方据剖露。详其初欲雇之时，始则招吴子晦饮酒，诱致先留陈氏在其家一夕，次日方令立契，若将陈氏略行究问，必有甚不题者，司正不欲尽情根究耳。先朝有士大夫部纲折陷，将以妻女鬻偿官者，名贤见之，倾囊倒箧与之，寻为办装奁嫁遣，使得所归。载入传记，迄为美谈。雷司户闻此事，独不有愧于心乎？在法，雇妻与人者，同和离法。吴子晦合依上条定断，官司未欲尽情施行，且令刘氏当官责领其女归家，若其夫子晦有可供赡，不至失所，却令复还。万一不能自给，无从赡养其妻，合从刘氏改嫁，官司却当备条给据。陈季渊名相之诸孙，受人濡沫，却与亲侄女着押雇契，此岂复有人心。引押下，请门长自行遣。仍牒门长照会，从所陈，住罢所给义庄米。雷司户干人程八乙别吴子晦免收坐，并刘如圭放。雇契毁抹。①

此案中丞相陈公的五世孙陈思永之女嫁与官宦后代吴子晦为妻，然吴子晦因家道中落，不能自立，将其妻雇嫁于雷司户为婢并致其失身，造成了吴雷两家共用一妇的局面，有违纲常伦理道德。法官之所以受理此案，是由于涉案妇女为丞相陈公之后，"不忍坐视其失身，永为上世之玷"。由此可见南宋时期士人对于典妻的态度，虽然法律有相关的规定但是在法官的观念中典妻仍然没有纳入其法治范围。据陈氏母亲刘氏的陈述，吴子晦与雷司户之间正式立契前，"初欲雇之时，始则招吴子晦饮酒，诱致先留陈氏在其家一夕，次日方令立契"，因此在法官看来应算作诱掠。对于吴子晦与雷司户的判决，由于陈氏在此案中并不具有个人意志，按律"雇妻与人者，同和离法"，但法官采取从轻处理，先令其母带其归家，如果其夫吴子晦可以供赡妻子，则令陈氏跟随吴子晦

① 中国社会科学院历史研究所宋辽金元史研究室. 名公书判清明集 [M]. 北京：中华书局，1987：382-383.

回家，恢复他们的夫妻关系；若不能，陈氏则听从其母安排改嫁，"官司却当备条给据"。对于此案中的行为主体吴子晦与雷司户只是"雇契毁抹"，免收坐。

由上可知，法官虽认为此案并属于官府法制范畴，但因为涉案人员的特殊身份法官将此案压下，并未做详细调查。对于"雇妻与人者，同和离法"的法规，法官也因涉案人员的特殊身份而从轻处理。

（三）阿陈之女迭雇案

《名公书判清明集》载：

阿陈之女方于前年十一月雇与郑万七官者七年，止计旧会二百二十千。十二月，便雇与信州牙人徐百二，徐百二随即雇与铅山陈廿九，身子钱已增至七百贯矣。才及六月，陈廿九又雇与漆公镇客人周千二，曾日月之几何，而价已不啻三倍矣。［以下阙页］送通判厅，监限十日足，违限却收卖女之罪，勘断锢身取足，庶知倚法欺骗之无所利也。余人放，锁索椎毁。①

此案为雇女案例，阿陈之女先雇与郑万七，雇金二百二十千。两年后，郑万七又经过牙人徐百二，将其二雇于陈廿九，卖身的雇金已增至七百贯。阿陈之女雇于陈廿九刚满六个月，又三雇与周千二，雇金早已超出初雇时的三倍有余。案中被典雇的女子阿陈之女，犹如工具商品一般，先后被其父亲、被其临时的丈夫多次雇卖，完全没有人身自主权可言，甚至在司法档案中也没有姓名的记载。官府对此的处罚依照卖女定罪，法律规定"监限十日足，违限却收卖女之罪，勘断锢身取足，庶知倚法欺骗之无所利也。余人放，锁索椎毁"。这表明在南宋时期对于

---

① 中国社会科学院历史研究所宋辽金元史研究室. 名公书判清明集［M］. 北京：中华书局，1987：357-358.

父亲典雇女儿这类典雇妻女事例法律上还没有完善，雇女与卖女的区别还没有在立法中显现出来，因此官府审判时只能依照卖女定罪。

宋代法律还规定，妻子雇与他人期间，将暂停原有的婚姻关系，夫妻之间以平人论，直到雇期结束，恢复夫妻关系。《过庭录》中记载了一起因雇妻事端引发的命案：

祖宗时，有陕民值凶荒，母、妻之别地受佣。民居家耕种自给，逾月一往省母。外日，省母少俟，其妻出，让其夫曰："我与尔母在此，乃不为意，略不相顾乎？"民与妻相诟责不已。民曰："尔拙于为生，受庸于人，乃复怨我。"妻曰："谁不为佣耶？"民意妻讥其母。怒以犁柄击妻，一中而死。

事至有司，当位者皆以故杀十恶论。案成，一明法者折之，曰："其妻既受人佣，义当暂绝。若以十恶故杀论，民或与其妻奸，将以夫妻论乎？以平人论乎？众皆晓服，遂定以斗杀，情理轻。奏闻，折之者被褒赏焉。[1]

在此案中，由于灾荒，陕民将妻子与母亲分别雇与他人，民妻和民母在雇主家中的实际地位为婢女，与雇主结成主仆关系，在法律上依附于雇主。民妻与其陕民原有的婚姻关系暂时停止，雇佣期间夫妻之间以平人论。与"雇妻与人者，同和离法"不同的是，此时将妻子雇佣于人，只是在雇佣期内结束夫妻关系，在雇佣结束后便可恢复如初。此案中陕民因怒杀妻，地方官府最初以故意杀人罪定为死刑，"以故杀十恶论"，后又改判为凡人斗杀论，改判的原因是此时民妻还在雇佣期内，与其夫不能以夫妻关系论，而是以平人论，遂定以斗杀。案子属法重情理轻上奏朝廷。

---

① 范公称. 过庭录 [M]. 北京：中华书局，2002：341-342.

三、元明清时期财婚中妇女典雇的法律规制

两宋时期人口买卖契约已经较为成熟，但是对于妇女典雇的契约还不够完善，目前发现的较完整的典雇契约是元朝时期遗留下来的。《元代法律资料辑存》记载的元朝"雇女子书式"如下：

某乡某里姓某

右某有亲生女，名几姐，今已年高，未曾嫁事。诚恐耽误前程，遂与妻阿氏商议，情愿托得某人为媒，将本女不立年限，雇与厶里厶人为妾，即日交到礼物于后：

金钗一对 采段一合

已（以）上共折中统钞若干，贯文交领足讫，更无别领。所雇本女几姐，的（确）系闺女，未曾许事他人，即日凭媒雇与厶人为妾，是某甘心情愿，于条无碍。如有此色，且媒人并自知当不涉雇主之事，或女子几姐在宅向后恐有一切不虞，并是天之命也，且某更无他说。今恐无凭，立此为用。谨书

年　月　日

父 姓 某 号

母 阿 氏 号

媒 人 姓 某 号①

典雇妻女是一个道德伦理问题，会给社会带来一些负面影响，尤其是会导致一些财产纠纷案的发生。元朝时，官府颁行了相关法律以禁止典妻，民间的典妻行为受到一定程度的打压，但典妻现象并没有消亡，

---

① 黄时镪. 元代法律资料辑存 [M]. 杭州：浙江古籍出版社，1988：246-247.

谓"典雇男女，系亡宋旧弊，伤风败俗，即非良法"①。此外，还引发了一系列问题。至元二十九年（1292），针对江南地区的典妻风俗，浙东道廉访副使王朝请专门书写了一份"请牒"上呈给御史台，再由御史台转交给行中书省，其内容如下：

"夫妇乃人之大伦，故妻在有齐体之称，夫亡无再醮之礼。庶人固不可责以全礼。江淮薄俗，公然受价将妻典与他人，如同夫妇。今后拟合禁治，不许典雇。若夫妇一同雇身不相离者，听。如此，不惟人伦有别，可以渐复古风。"礼部议得："合准王朝请所言禁约。"都省准呈。②

王朝请的奏请得到了政府的积极响应。元朝政府颁布相关律法禁止民间典雇妻妾现象，元至顺二年（1331）《经世大典·宪典》规定：

诸以女子典雇于人，及典雇人之子女者，并禁止之。若已典雇，愿以婚嫁之礼为妻妾者，听。诸受钱典雇妻妾者，禁，其夫妇同雇而不相离者，听。③

虽有法律明文禁止，然而民间典雇妻女的行为仍然是屡禁不止。结合上文中典雇妻女的个案分析也可以看出地方官在处理相关案件时，仍会根据当事人的特殊情况"法外开恩"。

明朝法律关于典妻的规定承袭元律并有了进一步的发展，对于典妻婚的规制也更加具体化。《大明律·户律·婚姻》典雇妻女条：

凡将妻妾受财典雇与人为妻妾者，杖八十；典雇女者，杖六十；妇女不坐。若将妻妾妄作姊妹嫁人者，杖一百，妻妾杖八十。知而典娶，各与同罪，并离异，财礼入官；不知者不坐，追还财礼。④

---

① 中国广播电视出版社. 大元圣政国朝典章 [M]. 北京：中国广播电视出版社，1998：2054.

② 方龄贵. 通制条格校注 [M]. 北京：中华书局，2011：193-194.

③ 宋濂. 元史 [M]. 北京：中华书局，1976：2642.

④ 怀效锋. 大明律 [M]. 北京：法律出版社，1999：60.

政府的上层设计是一个方面，地方的具体实践却又呈现出另一种面貌。明代福建、两浙地区财婚的发展仍然旺盛，屡禁不止。明太祖洪武年间（1368—1398 年）下诏："婚姻毋论财"①。永乐年间（1403—1424 年）深泽知县王源"劝民及时嫁娶，革其争财之俗"②。财婚现象的盛行进一步激化了妇女的人身买卖，她们在婚姻中的从属地位更加明显，而女性作为生育工具的角色也被加强了。

清朝是典雇妻妾恶性发展的时期，同时也引起了一系列社会问题，清朝统治者出于维护社会安定的需要，不得不加大力度禁止民间的典妻行为。《清律·户律·婚姻·典雇妻女》明确规定：

凡将妻妾受财典雇与人为妻妾者，杖八十；典雇女者，杖六十；妇女不坐。若将妻妾妄作姊妹嫁人者，杖一百；妻妾杖八十。知而典取者，各与同罪，并离异，财礼入官。不知者不坐，追还财礼。③

可见，明清时期，随着典妻婚姻的发展，对典妻的法律规定更加细化。从宋朝至清朝，对于典妻婚姻审理过程中的法律规定逐渐具体化，官府根据具体情况灵活运用相关法条，使法规更具有针对性。

综上所述，宋代人口买卖较为频繁，尤其是女性人口的买卖。使得财婚现象又异化为买卖妻妾、典雇妻女等特殊的形式。卖（典雇）方一般是由于灾难或家庭异变导致贫困，不得已出卖（典雇）妻女为人妻、妾或婢；买方交易的目的，或是出于传宗接代的考虑，或是由于贪图享乐。

首先，从性别的角度分析，被买卖（典雇）妇女只能如同商品一般，辗转于一个又一个家庭之间，在浩如烟海的历史文献中，她们或是

---

① 张廷玉. 明史 [M]. 北京：中华书局，1974：27.
② 张廷玉. 明史 [M]. 北京：中华书局，1974：4887.
③ 沈之奇. 大清律辑注 [M]. 北京：法律出版社，2000：256.

某某之妻、某某之女，或是某氏，很少有真实姓名被记载下来，她们是历史书中的"失声者"，虽然史籍文献中随处可见她们卑微的身影，却听不见她们的声音。同时，她们也不能表现出自我意识，否则就会被视为"不贞"或"违礼"，从而被社会所排斥或打击。这是礼之禁锢的一面，但同时也存在着礼之松弛的趋势。性别的牢笼在传统儒家纲常道德和夫权制的束缚下，又表现出了一种松弛迹象。两宋时期，在经济消费和功利观念的冲击下，财婚现象变成了当时社会的一种较为普遍、常见的婚嫁现象。在财婚交易的过程中，虽然女性群体很少有自主权，财婚中的女性无一例外地是在男性主导下进行嫁卖交易的，但一定程度上也冲击了传统的儒家伦理道德，使禁锢在女性身上的那层道德枷锁出现了松弛的迹象。

其次，从社会发展的角度来看，可以把宋代财婚现象看作金钱与传统道德的碰撞，尤其是民间的买卖婚姻和典雇婚姻，政府律令屡禁不止，有增无减。可以看出，某些时候，生存比道德规范更具有紧迫性和现实意义。两宋文献中存在大量关于迎娶再嫁乃至多次再嫁的生妻或孀妇的记录，甚至部分买家为了再娶，不惜使用诈骗、强抢等手段，道德规范在这些买家面前影响甚微。传统的贞洁观念与现实的改嫁实践之间，形成了鲜明的对比和反差。

最后，从法制的角度来看，通过上文对买卖婚姻的个案分析可以发现，人情在具体的司法实践中占有重要的地位，甚至有些时候，法制是人情之下的法制。这就使得法制的权威和实践大打折扣，绝大部分财婚中的买卖婚姻、典妻雇妻行为，仅受到从轻处理，使得两宋时期人口买卖现象更为猖獗。这也是封建国家法律治理上的重要缺陷，体现了封建国家治理能力的有限性。

第四章 禁与纵：宋代社会各方对财婚现象的态度和因应措施

宋代财婚现象的日益流行，给当时的家庭和社会都带来了重要的影响，财婚问题逐渐成为一个社会问题，引起全社会各个阶层的关注。下文分别从宋代政府、士人、民间以及女性自身等不同的社会群体对财婚现象的态度和应对策略出发，探讨宋代社会各方对财婚现象的因应。

第一节 官方的态度及因应措施

一、官方的态度——既禁止又纵容

宋代财婚之风给传统的婚姻礼仪制度带来了巨大的冲击，宗室卖婚民间、士商通婚、妻妾的买卖早已僭越了传统的良贱不婚、士庶不婚的原则，而官方正是封建礼教的维护者和捍卫者。"古者冠婚丧祭，车服器用，等差分别，莫敢逾越，故财用易给，而民有恒心。"① 而宋代"礼制未修，奢靡相尚，卿大夫之家，莫能中礼，而商贩之类，或逾王公。礼制不足以检饬人情，名数不足以旌别贵贱，既无定分，则奸诈攘夺，人人求厌其欲而后已，岂有止息者哉？此争乱之道也。"② 因此，封建政府为了维护正常的封建等级秩序及社会的稳定，颁布了一系列的禁止僭越等级通婚和因财而婚的法令及政策。

首先，宋代朝廷对宗女通婚做了规定。宋仁宗于天圣八年（1030年）三月下诏："宗室嫁女，择士族之有行义者，敢以财冒为婚，御史台、街司察举之。"③ 并责成"宗正立官媒数十人掌议婚"④。《宋史》卷九亦记载："禁以财贸士族娶宗室女者。"⑤ 这说明，娶宗女者必须是士族。庆历二年（1042年）又规定：宗室所联姻之家，"若见任文武、升朝官，虽三代不尽食禄，但非工商、伎术及恶逆之族，有朝臣委保者，听之"⑥，这显然也是为了严格禁止宗室与工商阶层通婚。英宗治平年间（1064—1067年）要求"婿家有二世食禄，即许娶宗室女"⑦。宋神宗熙宁十年（1078年）对宗室的通婚对象规定更为具体，"缌麻以上亲不得与诸司胥吏出职、纳粟得官及进纳、伎术、工商、杂类、恶逆之家子孙通婚"⑧。元祐时期（1086—1094年），有宗女嫁与藩坊，后来其丈夫去世，其家争分财产，宗女贫困无所依，乞求政府的救济，此时朝廷才明白宗女嫁夷部的情况，因此再次颁布禁令，"三代须一代有

① 程颢，程颐. 二程集 [M]. 北京：中华书局，2004：454.
② 吕祖谦. 宋文鉴 [M]. 北京：中华书局，1992：808.
③ 李焘. 续资治通鉴长编 [M]. 北京：中华书局，2004：2537.
④ 朱彧. 萍州可谈 [M]. 北京：中华书局，2007：112.
⑤ 脱脱. 宋史 [M]. 北京：中华书局，1985：188.
⑥ 李焘. 续资治通鉴长编 [M]. 北京：中华书局，2004：3287.
⑦ 脱脱. 宋史 [M]. 北京：中华书局，1985：2739.
⑧ 脱脱. 宋史 [M]. 北京：中华书局，1985：2739.

官，乃得取宗女"①。

其次，朝廷对于士庶因财而婚的现象也多次严令禁止。如仁宗皇帝在至和元年（1054年）颁布的诏令，"士庶之家尝更佣雇之人，自今毋得与主之同居亲为昏，违者离之"②，就维护了良贱不婚的等级秩序。真宗时期，因有不逞之徒为贪图女方丰厚的资产而行骗婚，且一旦骗取妻财成功后，竟行亡命不归之举，因此政府不得不将法令再次放宽，规定只要是夫挟妻财而失踪的案例，妻子可依法离婚，不再受等候六年的法规限制③。此外，还有部分地方官员意图通过教导百姓、革新风俗以规正财婚的恶习。如孙觉出任福建地方官时，规定当地婚娶"资装无得过百千，令下，嫁娶以数百，葬埋之费亦率减什伍"④；侯可在知巴州化城县任职期间，为约束民众"娶妇必责财"的风气，在当地"立制度，违者有罪"⑤。

再次，朝廷禁止僧道娶妻。开宝五年（973年）闰二月戊午，诏曰："末俗窃服冠裳，号为'寄褐'，杂居宫观者，一切禁断。道士不得蓄养妻孥，已有家者，遣出外居止，今后不许私度，须本师、知观同诣长吏陈蝶，给公凭违者捕系抵罪。"⑥ 南宋法令《庆元条法事类》也明文规定："诸僧道辄娶妻，并嫁之者，各以奸论，加一等，僧道送五百里编管。"⑦

① 朱彧. 萍洲可谈［M］//上海古籍出版社. 宋元笔记小说大观. 上海：上海古籍出版社，2315.

② 李焘. 续资治通鉴长编［M］. 北京：中华书局，2004：4283.

③ 李焘. 续资治通鉴长编［M］. 北京：中华书局，2004：1861.

④ 脱脱. 宋史［M］. 北京：中华书局，1985：10927.

⑤ 徐松. 宋会要辑稿［M］. 上海：上海古籍出版社，2014：8416.

⑥ 王栐. 燕翼诒谋录［M］. 北京：中华书局，1981：19.

⑦ 杨一凡，田涛. 中国珍稀法律典籍续编：庆元条法事类（第一册）［M］. 哈尔滨，黑龙江人民出版社，2002：725.

最后，朝廷对于买卖婚姻的现象也颁布法律或者告示严明禁止，并采取了一定的措施进行惩罚。如南宋孝宗朝规定：

诸略人、略卖人不和为略，十岁以下，虽和亦同略法。为奴婢者，绞，为部曲者，流三千里；为妻妾子孙者，徒三年。因而杀伤人者，依强盗法。和诱者各减一等。

诸略若和诱人因而取财及雇卖或得财者，计入己之赃，在一名处频犯人不倍。略人者，以不持杖强盗论，一贯皆配千里，妇人五百里编管。因而奸者，依强奸法。和诱者，以不持仗窃盗论，五贯配五百里，妇人邻州编管。其知情引领牙保若藏匿被略诱者，各依藏匿犯人法。①

此外，朝廷会严肃处理贩卖生口、掠卖妇女者，"贩生口，掠妇女，抑良为贱，三项罪名，并该徒配"②。

实际上，宋代财婚现象屡禁不止，与宋代政府默认甚至纵容这种因财而婚的社会风气不无关系。宗室、官僚士人在婚姻中"唯以富为是"，普通百姓更是上行下效，婚嫁"相高以富，相矜以侈"③。甚有因财婚不得伤心而死者，如"大桶张氏者，以财雄长京师，孙氏之女容色绝世，张氏之子欲娶之为妇，并取臂上所带古玉条脱，俾与其女带之，且曰：'择日作书纳币也。'"④其后，张氏为人所诱，别议其亲，但孙家女早已被其利所诱，知晓后伤心而死。材料中张氏财大气粗，婚姻完全以金钱做交易。由此可见，财婚风气已深入人心，为了财婚甚至不惜搭上了自己的性命。

---

① 陈傅良. 陈傅良先生文集 [M]. 杭州：浙江大学出版社，1999：560-561.

② 中国社会科学院历史研究所宋辽金元史研究室. 名公书判清明集 [M]. 北京：中华书局，1987：549.

③ 李觏. 李觏集 [M]. 北京：中华书局，1981：225.

④ 王明清. 投辖录（玉条脱）[M] //上海古籍出版社. 宋元笔记小说大观. 上海：上海古籍出版社，2001：3868.

至于买卖妻妾，官府基本予以默认，甚至官僚、士人、皇室成员带头买卖。宋太祖乾德时期，有民上告安国节度使张美强娶其女为妾，并收取民财四千缗。太祖问上书者："汝女值钱几何？"民回答说："值钱五百缗。"太祖即命官"给美所取民钱并其女直而遣之"①。宋代统治者大力提倡享乐思想，为粉饰国家太平，常常鼓励朝中大臣"多置姬妾"。真宗时期，"临御岁久，中外无虞"常与群臣"燕语或劝以声妓自娱"，大臣王旦比较节俭，此时并无姬妾，真宗令两人"责限为相公（笔者按：指王旦）买妾，仍赐银三千两"②。皇帝带头买卖妇女，必然引起臣民的效仿。

总之，两宋时期，除了极少数人外，上至官僚士大夫、大地主，下至富商大贾、平民百姓，只要是稍有社会地位或经济能力的家庭，纳上一两妾是最平常不过的事，而妾与奴婢绝大部分都是通过金钱买卖的方式实现的。

由上述材料可知，在宋代，一方面，政府五令三申，禁止财婚及买卖婚姻；另一方面，统治者疯狂追求享受，带头婚嫁取财乃至买卖妻妾，进一步加剧了财婚风气的流行。其主要原因，是这些禁令和处分都不太严厉，许多禁令都没有认真执行和坚持贯彻。此外，宋代财婚风气有增无减，还有以下一些因素：一是人们择偶观念的变化，使财婚成为一种社会潮流；二是受商品经济的影响，财婚交易中的高额利润使人们甘冒触犯法律的风险，况且这一风险并不大。

二、官方的因应措施

宋代政府对财婚现象的因应措施主要是通过给予进士、官员、宗室

---

① 李焘. 续资治通鉴长编 [M]. 北京：中华书局，2004：191.
② 苏辙. 龙川别志 [M]. 北京：中华书局，1982：74.

群体物质资助，尤其是婚姻资助来实现的。

第一，针对进士财婚现象的应对办法。门阀大族在唐末五代时期的战争中摧毁殆尽，又加之宋代科举得到较大的发展，使得许多寒门子弟经由科举荣登仕途。但是他们出身低微，在经济上多为贫乏者。如张景修（字敏叔），治平四年（1067年）登进士第，"虽两为宪漕，五邻郡符"，但"其家极贫窭，僦市屋以居"。并曾留诗自嘲云："第檐月有千钱税，稻饭年无一粒租。生事萧条人问我，水芭蕉与石菖蒲。"① 鉴于此，政府对贫寒士人给予了一些物质资助，而这种资助主要是通过养士与助学来实现。关于政府的养士与助学行为，张文先生在其《宋朝的社会救济》一书中有较为详细的论述②。政府的助学和养士措施，除了各级州县有助学养士行为外，还有官办的助学义庄或义田，专门用于资助贫困士子的生活。这种资助的范围较广，对于婚丧嫁娶的资助是其重要的一个方面。如建康府义庄创于淳祐十一年（1251年），是吴渊守建康时所建立的，"建康府士子贫窭者多，或遇吉凶，多阙支用，尤可悯念"，这里的吉凶就包括婚姻嫁娶等，具体操作是"簪缨之后及见在学行供职事生员，或有吉凶，请具状经学保明申上"，资助内容包括"给米八石、麦七石。米每石折钱三十六贯、麦每石折钱二十五贯"③。以时人的标准来看，吉与凶"例予以米若麦，厥硕一十有五，惠至渥也"④。

① 龚明之. 中吴纪闻录［M］//上海古籍出版社. 宋元笔记小说大观. 上海：上海古籍出版社，2001：2865-2866.

② 张文. 宋朝社会救济研究［M］. 重庆：西南师范大学出版社，2001：267-277.

③ 周应合. 景定建康志［M］. 北京：中华书局，1990：1810；张铉. 至大金陵新志［M］. 北京：中华书局，1990：5652.

④ 周应合. 景定建康志［M］//中华书局编辑部. 宋元方志丛刊. 北京：中华书局，1990：1810.

第二，对宋代官员的资助措施。宋代虽标榜"以文治兴天下"，多优待官员（文官），但由于官员人数众多，加上朝廷频繁对外用兵，使得财政困难，官员中贫困者仍然较多。金华人潘良贵，官至中书舍人，"然公平生廉介自持，自少至老，出入三朝，而前后在官，不过八百六十余日。所居仅庇风雨，郭外无尺寸之田，经界法行，独以丘墓之寄，输帛数尺而已。其清苦贫约，盖有人所不堪者，而处之超然"①。河北三鸦镇有一官员"俸入不能给妻孥，官况萧条。地多塘泺，拾蒲藕鱼鳖之外，市井绝无可买"，终因不堪忍受，弃官而去。曾留诗云："二年憔悴在三鸦，无米无钱怎养家？每日两餐唯是藕，看看口里出莲花。"② 据《燕翼诒谋录》记载：

国初，士大夫俸入甚微，簿、尉月给三贯五百七十而已，县令不满十千，而三之二又复折支茶、盐、酒等，所入能几何。所幸物价甚廉，粗给妻孥，未至冻馁，然艰窘甚矣。③

宋代官员本身俸禄微薄，加之部分官员平时还要周济族人，进一步加剧了他们的贫困，这形成了宋代"寒士贫宦"的局面。宋代官宦在经济上的贫乏，使他们希望有一种捷径能够迅速致富，稳站官场，加之宋代城市商品经济的繁荣，进一步加剧了他们对金钱的渴望，这也就为财婚行为的发生创造了条件。

因此，宋代政府对官员的优恤，一是提高他们的俸禄，二是对官员的婚葬给予物质资助：景德三年（1006年）五月，北宋朝廷下诏大幅度提高官员俸禄，诏曰："赤、畿知县，已令择人，俸给宜优。自今两赤县，月支见钱二十五千，米麦共七斛。畿县七千户以上，朝官二十

① 马端临. 文献通考 [M]. 北京：中华书局，2011：6493.
② 洪迈. 夷坚志. 丁志 [M]. 北京：中华书局，2006：682.
③ 王栐. 燕翼诒谋录 [M]. 北京：中华书局，1981：13.

千、六斛，京官二十千、五斛；五千户以上，朝官二十千、五斛，京官十八千、四斛；三千户以上，朝官十八千，京官十五千、米麦四斛；三千户以下，京官钱十二千、米麦三斛。"这已经是当时朝廷给予官员最大的恩惠了①。次年九月，北宋朝廷又诏曰："并建庶官，以厘庶务，宜少丰于请给，各励于廉隅。自今文武，宜月请折支，并给见钱六分，外任给四分。"亦被称为"惠均覃四海矣"②。景德年间官员俸禄政策的两次调整，在一定程度上提高了官员的俸禄。

此外，宋代政府还通过资助婚葬及抚恤遗属等措施，改善官员的因经济困难而造成的婚嫁失时的窘境。时任广东提刑使的陈晔针对"所部十四郡，多是水土恶弱，小官贪于近阙，挈累远来，死于瘴疠者，时时有之，孥累贫乏，不能还乡，遂致狼狈"③的情况，"撙节财用，起造宅子六十间，专养士夫孤遗。又买官民田及置房廊拘收钱来，创仓库各一所。凡入宅居止者，计口日给钱，仍以其余，遇有二广事故官员，扶护出岭，量支路费，自二十贯至五十贯止"④。此外，为了能够有效地帮助官员解决困难，他还拟定了十条规章对官员给予物质资助，其中第六条规定："在宅之人亡殁，支钱三贯，嫁女五贯，娶妇三贯。"⑤ 宋代政府对贫宦家庭的嫁娶予以救助，有助于缓和官员阶层的财婚行为。

宋代政府对寒士贫宦的资助，在一定程度上有利于改善寒士贫宦的经济状况，对财婚现象的发生，有一定的抑制作用。

第三，针对宗室大肆卖婚民间的现象，朝廷一方面以法律手段禁止宗室卖婚，另一方面在经济上则采取措施改善宗室经济状况，主要表现

---

① 王栐. 燕翼诒谋录 [M]. 北京：中华书局，1981：13.
② 王栐. 燕翼诒谋录 [M]. 北京：中华书局，1981：13.
③ 徐松. 宋会要辑稿 [M]. 北京：中华书局，1957：5865.
④ 徐松. 宋会要辑稿 [M]. 北京：中华书局，1957：5865.
⑤ 徐松. 宋会要辑稿 [M]. 北京：中华书局，1957：5865.

为对皇族宗室的优待与救济方面。

随着皇族成员数量的大量增加以及政府财政收入的日渐拮据，皇族成员的生活待遇也逐渐降低，尤其是血缘关系较疏远的皇族成员，更成为了政府救济的重点对象。因此，宋朝政府本着优待宗亲的理念，对这部分宗室成员进行了多种救济。总体而言，宋朝对宗室的优待与救济，主要是依据其血缘关系的亲疏远近。宋室南渡后，由于宗室人口的繁衍以及国家财政的困难，宗室成员的生活受到了一定程度的影响。这主要体现在朝廷给他们的俸禄减少，当时"财用窘匮，武臣以军功人仕者甚众。俸给米麦，虽宗室亦减支给。其后半复中损，至于再三"①。因此，宗女的妆奁钱也相应减少。按照旧制，宗女奁具为"祖宗元孙女五百千，五世三百五十千，六世三百千，七世二百五十千，八世百五十千"。但到了绍兴七年（1137 年）冬，宗女奁钱"元孙减五之一，六世、八世减三之一；五世，七世减七之二。已适而再行者，各减半"②。有些时候，相关部分支给不及时，导致出现了"宗女贫不能行，多自称不愿出适者"③ 的情况，这就使宗女婚嫁更加困难。部分贫宗为了摆脱这种窘况，纷纷与富商大贾联姻，即出现了上文提到的将县主、郡主定好价格，公开买卖的情况。鉴于此，朝廷又对宗室的物质待遇做了一些调整，其中就包括提高出嫁宗女的房厨钱（妆奁钱），并勒令各宗女所在州军今后须知期支给，"不得仍前违戾"④。

---

① 庄绰. 鸡肋编 [M] //上海古籍出版社. 宋元笔记小说大观. 上海：上海古籍出版社，2001：4008.

② 李心传. 建炎以来朝野杂记 [M]. 北京：中华书局，2000：57.

③ 李心传. 建炎以来朝野杂记 [M]. 北京：中华书局，2000：57.

④ 徐松，宋会要辑稿补编 [M]. 北京：全国图书馆文献缩微复制中心，1988：10.

第二节　士大夫对财婚的态度及因应措施

一、士大夫对财婚的态度——批评却难以身作则

对于宋代财婚给社会带来的不良影响，一些官僚士人深表忧虑，疾呼力挽世风。史书中多记载有士大夫对财婚的指责之词，如"婚姻结好，岂为财物?"① 士大夫对财婚的批判，除了见于正史，还集中体现在一些士人撰写的文集和族规家法中，表4-1列举了两宋时期几位著名学者对财婚的言论，这些言论充分体现了士人阶层对财婚的态度。

表4-1　宋代士人对财婚的态度

人物	内容	出处
枢密使王曙（963—1034年）	人臣患不节俭，今居第多逾僭，服玩奢侈，仆妾无数，宜有数制	李焘：《续资治通鉴长编》卷115，景祐元年八月癸亥条记事，中华书局2004年版，第2693页
李觏（1009—1059年）	婚嫁丧祭，民务浮侈，殊不依仿礼制。娶妇之家，必大集里邻亲戚，多至数百人，椎牛行酒，仍分采帛钱银，然后以为成礼。女之嫁也，以妆奁厚薄外人不得见，必有随车钱，大率多者千缗，少者不下数百贯。倘不如此，则乡邻讪笑，而男女皆怀不满……富者以豪侈相高，贫者耻其不逮，往往贸易举贷以办。若力有不及，宁姑置而不为。故男女有过时而不得嫁娶，亲丧有终制而不得葬埋者皆是	廖刚：《高峰文集》卷5《漳州到任条具民间利病五事奏状》，《景印文渊阁四库全书》本（第1142册）.台湾商务印书馆1986年版，第364页

---

① 张栻.南轩集［M］//纪昀，永瑢.景印文渊阁四库全书.台北：台湾商务印书馆，1986：552.

表4-1(续)

人物	内容	出处
司马光 (1019— 1086 年)	凡议婚姻,当先察其婿与妇之性行及家法何如,勿苟慕其富贵。婿苟贤矣,今虽贫贱,安知异日不富贵乎?苟为不肖,今虽富贵,安知异日不贫贱乎?妇者,家之所由盛衰也,苟慕一时之富贵而取之,彼挟其富贵,鲜有不轻其夫而傲其舅姑,养成骄妒之性,异日为患,庸有极乎?借使因妇财以致富,挟妇势以取贵,苟有丈夫之志气者,能无愧乎?	司马光:《书仪》卷3,《景印文渊阁四库全书》本(第 142 册),台湾商务印书馆 1986 年版,第 475 页;曹端:《曹端集》卷 4《夜行烛》,中华书局 2003 年版,第 138 页
	婚娶而论财,夷虏之道也。君子不入其乡。古者男女之族,必择德焉,不以财为礼。夫婚姻者,所以合二姓之好,上以事宗庙,下以继后世也。今世俗之贪鄙者,将娶妇,先问资装之厚薄;将嫁女,先问聘财之多少;至于立契约,云某物若干,某物若干,以求售其女者,亦有既嫁而复欺绐负约者。是乃驵侩卖婢鬻奴之法,岂得谓之士大夫婚姻哉?其舅姑既被欺绐,则残虐其妇,以摅其忿。由是爱其女者,务厚其资装,以悦其舅姑,殊不知贪鄙之人,不可盈厌。资装既竭,则安用汝女哉?于是质其女以卖货于女氏,货有尽而贪无穷,故婚姻之家,往往终为仇雠矣!是以世俗生男则喜,生女则戚,至有不举其女者,用此故也。然则议婚姻有及于财者,勿与为婚姻可也。	
福州知府 蔡襄 (1012— 1067 年)	娶妇何谓?欲以传嗣,岂为财也。观今之俗,娶其妻不顾门户,直求资财,随其贫富,未有婚姻之家不为怨怒。原其由,盖婚礼之夕,广縻费;已而校奁橐,朝索其一,暮索其二。夫虐其妻,求之不已;若不满意,至有割男女之爱,辄相弃背。习俗日久,不以为怪。此生民之大弊,人行之最恶者也	吕祖谦编:《宋文鉴》卷第 108《福州五戒》,中华书局 1992 年版,第 1503-1504 页
游酢 (1053— 1123 年)	天下之患,莫大于士大夫无耻。士大夫至于无耻,则见利而已,不复知有他,如入市而攫金,不复见有人也!	吕祖谦编:《宋文鉴》卷第 61《论士风》,中华书局 1992 年版,第 912 页

表4-1(续)

人物	内容	出处
哲宗时期丁骘（? —1094年）	窃闻近年进士登科，娶妻论财，全乖礼义。衣冠之家，随所厚薄，则遣媒妁往返，甚于乞丐，小不如意，弃而之它。市井驵侩，出捐千金，则贸贸而来，安以就之。名挂仕版，身被命服，不顾廉耻，自为得计，玷辱恩命，亏损名节，莫甚于此！	吕祖谦编：《宋文鉴》卷第61《请禁绝登科进士论财娶妻》。中华书局1992年版，第905页
北宋士人李元弼	小人娶妻则论财，以至于失欢，此无恩义者也。妇年长而夫幼，弗合婚姻之理，而家道不正。夫妇，家道之本，不可不正也。	李元弼撰：《邑自箴》卷6《劝谕榜》. 中华书局2019年版，第57页
南宋漳州知州廖刚（1070—1143年）	本州有习俗之弊，婚嫁丧祭，民务浮侈，殊不依仿礼制。娶妇之家，必大集邻里亲戚，多至数百人，椎牛行酒，仍分彩帛钱银，然后以为成礼。女之嫁也，以妆奁厚薄外人不得见，必有随车钱，大率多者千缗，少者不下数百贯。傥不如此，则乡邻讪笑，而男女皆怀不满。丧葬之家，必广为斋设，以待宾客，继用荤酒而散物帛。傥不如此，则人指以为不孝。富者以豪侈相高，贫者耻其不逮，往往贸易举贷以办。若力有不及，宁姑置而不为。故男女有过时而不得嫁娶，亲丧有终制而不得葬埋者皆是，深可骇也。	廖刚：《高峰文集》卷5《漳州到任条具民间利病五事奏状》，《景印文渊阁四库全书》本（第1142册）. 台湾商务印书馆1986年版，第364页
周辉（1126—1198年）	士大夫欲永保富贵，动有禁忌，尤讳言死，独溺于声色，一切无所顾避。闻人家姬侍有惠丽者，伺其主翁属纩之际，已设计赂牙侩，俟其放出而售之。虽俗有热孝之嫌，不邮也。	周辉撰：《青坡杂志校注》卷3《士大夫好尚》，中华书局1994年版，第101-102页
南宋理学家张栻（1133—1180年）	访闻婚姻之际，亦复譖度，以财相徇，以气相高，帷帐酒食，过为华靡，以至男女失时，淫辟之讼多往往由此。曾不知为父母之道，要使男女及时，各有所归，婚姻结好，岂为财物？其侈靡等事，一时之间徒足以欺眩乡闾无知之人，而在身在家，所损不细。若有不悛，当治其尤甚者，以正风俗。	张栻著，杨世文点校：《张栻集. 新刊南轩先生文集》卷15《谕俗文》，中华书局2015年版，第997页

表 4-1（续）

人物	内容	出处
卫泾（1159—1226 年）	强暴之男略人之妻以资嫁卖，富豪子弟诱人之女以为淫奔，大辟具狱，因奸者半，风俗不美，莫此为甚。	卫泾：《潭州劝农文》，《全宋文》第 291 册，上海辞书出版社 2006 年版，第 381 页
南宋袁采（？ —1195 年）	男女议亲，不可贪其阀阅之高，资产之厚，苟人物不相当，则子女终身抱恨，况又不和而生他事者乎。	袁采：《袁氏世范》卷 1《睦亲》《景印文渊阁四库全书》本（第 698 册）.台湾商务印书馆 1986 年版，第 609 页
姚勉（1216—1262 年）	言念缔好请盟，已荷订金之诺；拜嘉受室，愿成种玉之缘。既卜良期，敢恭微礼。惟男女及时之义，非币不交；至婚娶论财之风，则吾岂敢。二姓相孚于道义，百年永托于姻娅。望高阀阅，宛同儒族之清；喜动门阑，幸托王孙之贵。草木既欣于同味，葭莩遂映于末光。作对自天，缔盟卜日。先君幼子，粗修家学之箕裘；令侄宗姬，见谓公族之仪范。项因媒妁，欲附婚姻。第相交儒素之风，安敢效夷虏之习。	姚勉：《饷启》《定亲启》《全宋文》第 351 册，上海辞书出版社 2006 年版，第 377 页
巴陵赵宰	娶妻论财，夷虏之道，大丈夫磊磊落落，肯视妻孥房奁中物为欣戚也。今刻舟求剑，何不广耶，纵使得膏腴沃壤以自丰，尽失亲戚辑睦之义，所得不偿所丧矣。	佚名：《公书判清明集》卷 7《户婚门·争产业·诉奁田》，中华书局 1987 年版，第 185 页
宋末元初郑太和	婚嫁必须择温良有家法者，不可慕富贵，以亏择配置义。	（元）郑太和撰，《郑氏规范》，"丛书集成初编"本，商务印书馆 1939 年版

由表 4-1 可知，宋代的士大夫对财婚基本上持反对态度，其目的在于从舆论上营造一种禁止财婚的士风，以达到移风易俗的效果。

从个人层面来看，财婚会影响男女自身的幸福，导致男女婚嫁不及时，抱憾终身，谓"男女议亲不可贪其阀阅之高、资产之厚。苟人物不相当，则子女终身抱恨，况又不和而生他事者乎""二姓相孚于道义，百年永托于姻链""第相交儒素之风，安敢效夷虏之习"。

从家庭层面来看，财婚往往会导致家庭失和，增加家庭矛盾和家庭纠纷，甚至使亲戚成为仇雠。司马光还担心妻子倚仗财势，不守礼节，妇德败坏。因此他写文提出忠告，告诫士人"议婚姻有及于财者，皆勿于为婚姻可也""男女议亲不可贪其阀阅之高、资产之厚""婚姻不可慕富贵"。

从社会层面来看，财婚现象被认为是"夷虏之道"，即野蛮人的行为。民间婚嫁重财攀比，会导致高利贷的发生、男女婚嫁失时，"富者以豪侈相高，贫者耻其不逮，往往贸易举贷以办。若力有不及，宁姑置而不为，故男女有过时而不得嫁娶"，家庭因财婚引发的司法诉讼增多，影响社会的安稳，"强暴之男，略人之妻，以资嫁卖，富豪子弟，诱人之女，以为淫奔，大辟具狱，因奸者半"导致社会"风俗不美"。

从国家道德层面来看，士大夫娶妻论财，如同商品买卖，不顾廉耻，玷辱恩命，亏损名节，有悖儒家道德伦理秩序，不利于国家的统治。因此，财婚被认为是"生民之大弊，人行之最恶者也""婚姻论财，夷虏之道也"，男子因"妇财以致富，依妇势以取贵"，应该感到惭愧。李元弼认为，婚娶论财是小人的行为，元初的郑太和也要求婚嫁必须择"温良有家法者"。

宋代另一位大儒朱熹对财婚同样也是嗤之以鼻的，但是背地里却认为"男女婚嫁，必择富民，以利其妆奁之多"①。对朱熹的批评虽有可能是政敌的污蔑，但也可以看出在士大夫眼中，财婚足以被视为个人的

---

① 叶绍翁. 四朝闻见录 [M] //上海古籍出版社. 宋元笔记小说大观. 上海: 上海古籍出版社，2001: 4966.

污点。因此，在宋代诸多的史料当中，但凡出现因财娶妻的行为，都受到了士大夫的批评与非议，严重者甚至遭到贬官、免官的惩处。

另外，司马光认为富贵无常，"今虽贫贱安知异日不富贵乎"。"今虽富贵安知异日不贫贱乎"这种功利思想是否也透露出连坚定反对财婚的司马光也可能会对财婚做出某种让步呢[①]？换个角度说，作为宋代婚姻潮流的财婚现象，反对者是否也会"迫于流俗"？由上文分析可见，士人阶层虽对财婚持排斥态度，但是要真正以身作则，还是比较困难的。

二、士大夫的因应措施——助嫁、助娶措施

宋代财婚流行，高昂的婚嫁成本成为困扰士人的一大难题，使得许多贫困男女往往不能及时嫁娶，不得不靠亲族帮助，因此婚娶相助也是解决财婚问题的重要一环。事实上，士大夫阶层为解决这一问题自发地出现了许多助嫁、助娶的措施。下面就从一般士人的助嫁助娶活动、家法族规中对族人婚嫁的资助情况、地方官员的助嫁措施、部分士族妇女拿出自己的妆奁帮助亲戚族人的嫁娶等几个方面展开论述。

在宋人的文集、墓志铭中，有许多关于士大夫资助亲友族人嫁女的例子，这些士人愿意伸出援助之手，帮助经济困难的族人亲友完成婚嫁，如：

窦禹钧，"同宗及外姻甚多贫困者，……亲戚故旧孤遗有女未能嫁者，公为出金嫁之。由公嫁者，孤女凡二十八人"[②]。

吴奎（1010—1067 年），"初与乡人王彭年善，称道其能，为致名

---

① 如司马光在《书仪》中提到，"勿苟慕其富贵，婿苟贤矣，今虽贫贱，安知异时不富贵乎，苟其不肖，今虽富贵，安知异时不贫贱乎"。（司马光. 书仪 [M] //纪昀，永瑢. 景印文渊阁四库全书. 台北：台湾商务印书馆，1986：475.）

② 范仲淹. 范仲淹全集 [M]. 北京：中华书局，2020：450.

宦。彭年客死于京师，公使长子主丧事，周恤其家，嫁其二女焉。及他姻族，有不能自存者，为毕嫁娶数人"①。

黄照（1013—1066年），"仕二十年，不为私计，赒族人之孤婺不能娶嫁者十余人"②。

赵抃（1008—1084年），"平生不治资业，不蓄声伎，嫁兄弟之女十数、他孤女三十余人"③。

李仲偃（982—1058年），"自初筮以至挂冠，其间四十年，所得俸禄多给族中之贫者，嫁娶孤遗凡十许人"。④

冯籽，"居家孝友，与奉议公同居四十余年，雍睦无间。宗族之贫不能婚嫁者，君任其责"⑤。

侍郎张子韶与昆山周焕卿为布衣交，相与之意极厚，"焕卿有母丧，贫不能举，及有妹未嫁，子韶自贬所专价赍钱银供其费，……书云：'告以公未葬母及未嫁妹，许以二百千足助公'⑥。

宋代名臣韩琦的父亲韩国华，曾养媚姑于家，"姑姊数人，媚且老，悉奉以归，事之甚恭，为其男女婚嫁"。⑦

而士人陈规的例子更是发人深思。陈规为其女买一婢，见其"甚闲雅"，经过问询而得知，原来是云梦人张贡士的女儿，"乱离夫死无

① 刘敞. 彭城集［M］. 济南：齐鲁书社，2018：958.
② 刘挚. 忠肃集［M］. 北京：中华书局，2002：270.
③ 脱脱. 宋史［M］. 北京：中华书局，1985：10325.
④ 胡宿. 文恭集［M］//纪昀，永瑢. 景印文渊阁四库全书. 台北：台湾商务印书馆，1986：946.
⑤ 王之望. 汉滨集［M］//纪昀，永瑢. 景印文渊阁四库全书. 台北：台湾商务印书馆，1986：871.
⑥ 龚明之. 中吴纪闻［M］//上海古籍出版社. 宋元笔记小说大观. 上海：上海古籍出版社，2001：2890.
⑦ 韩琦. 安阳集［M］//纪昀，永瑢. 景印文渊阁四库全书. 台北：台湾商务印书馆，1986：495.

所托，鬻身求活"，陈规十分同情，竟然"辍女奁嫁之"①。值得注意的是，陈规作为有功名的士人，无财力为张贡士的女儿重新准备一份嫁妆，只好用为自己女儿准备好的那份嫁妆。这一方面说明了陈规的家庭并不是非常富裕，另一方面则可以看出当时婚嫁成本高昂，财婚现象普遍。宋代财婚、厚嫁风气盛行，而那些得不到资助的人，则"行媒无留止，坐贫失行期"②。

在宋代的一些家法、族规中，族长为避免族人嫁娶失时，同样有助嫁和助娶的规定，要求族人之间应该协助嫁娶。范仲淹的《义庄规矩》中对族人嫁娶资助的规定为："嫁女支钱三十贯，再嫁二十贯。娶妇支钱二十贯，再娶不支。"③后范仲淹重修义庄时又规定："嫁女者五十千，再嫁者钱三十千；娶妇者三十千，再娶者十五千。"④后来世人纷纷仿效，以"爱其子孙，欲使之衣食给足，婚姻以时"⑤。赵鼎在《家训笔录》第二十一项中规定族中"如有婚嫁，每分各给五百贯足，男女同"⑥。宣和年间（1119—1125 年），湘阴的一位富人临终嘱咐子孙接济族中穷人，规定"男议婚十千，再婚减其半，女议嫁者钱三十千，再嫁则减其半"⑦。

① 脱脱. 宋史［M］. 北京：中华书局，1985：11645. 类似例子还有《东轩笔录》中县令钟离，女儿将嫁时，买一婢女才发现此婢女是友人之女，钟离为嫁友人之女，不惜将自己女儿的妆奁给了她。并要求女儿的未婚夫娶此婢女，自己的女儿别年再营办家资。（魏泰. 东轩笔录［M］. 北京：中华书局 1983：138-139.）

② 陈造. 江湖长翁集［M］//纪昀，永瑢. 景印文渊阁四库全书. 台北：台湾商务印书馆，1986：67

③ 范仲淹. 范仲淹全集［M］北京：中华书局，2020：698.

④ 吕祖谦. 宋文鉴［M］. 北京：中华书局，1992：1157.

⑤ 钱忠联，马亚中. 陆游全集校注［M］. 杭州：浙江古籍出版社，2015：305.

⑥ 赵鼎. 家训笔录［M］//新文丰出版社编辑部. 丛书集成新编. 台北：新文丰出版公司，1985：139.

⑦ 释惠洪. 石门文字禅［M］//纪昀，永瑢. 景印文渊阁四库全书. 台北：台湾商务印书馆，1986：449.

也有地方官员主动出资帮助当地百姓嫁娶，以保证当地男女及时婚嫁，维护社会的稳定。如李若谷在并州当知县时，"民贫失婚姻者，若谷出私钱助其嫁娶。赘婿、亡赖委妻去，为立期，不还，许更嫁"①。沈遘任杭州令时，规定"人有贫不能葬及女子孤无以嫁者，以公使钱葬嫁数百人"②。倪思于庆元二年（1196年），出任太平州知县时，"嫁贫女之失时者"③。神宗朝的余良肱任虔州知县时，"士大夫死岭外者，丧车自虔出，多弱子寡妇。良肱悉力振护，孤女无所依者，出奉钱嫁之"④。这些地方官员的助嫁、助娶措施，并不是朝廷下达的命令和任务，而是官员们为解决当地百姓的困难，稳定社会秩序，自发采取的一些措施，并取得了一定成效。

至于妇女以个人的妆奁帮助亲戚或者族女出嫁，更被视为嘉德懿行而被大肆表扬。如韩琦的妻子崔氏为"亲为（族人）婚娶者几二十人，虽罄竭家赀而不顾也"⑤；另一位士大夫的妻子朱氏则以嫁妆帮助夫家青年男女婚嫁，使夫家男女婚嫁皆不失时⑥；陈堂前是一位寡妇，她收养亲属中因贫穷无法生存的人，并帮其婚嫁的有三十至四十人，更为人所敬佩⑦。南宋初的季陵妻上官氏，其墓志铭记载，季陵祖上有茔山典卖给了寺庙，季陵想赎回，但是由于家庭贫困，不得不向别人借贷，使季陵及其族人陷入困难。此时，季陵妻用自己的妆奁帮助夫家赎山，不

① 脱脱. 宋史［M］. 北京：中华书局，1985：9738.

② 李焘. 续资治通鉴长编［M］. 北京：中华书局，2004：4980.

③ 魏了翁. 鹤山全集［M］//纪昀，永瑢. 景印文渊阁四库全书. 台北：台湾商务印书馆，1986：296.

④ 脱脱. 宋史［M］. 北京：中华书局，1985：10716.

⑤ 韩琦. 安阳集［M］//纪昀，永瑢. 景印文渊阁四库全书. 台北：台湾商务印书馆，1986：502.

⑥ 王珪. 华阳集［M］//纪昀，永瑢. 景印文渊阁四库全书. 台北：台湾商务印书馆，1986：405.

⑦ 脱脱. 宋史［M］. 北京：中华书局，1985：13485.

但解决了家族的困难，而且还用她剩余的资财购置土地、修筑屋舍①。因此，这些富有资财的女性，她们的义举不但解决了族人婚嫁的困难，还赢得了宗族的爱戴和尊敬。宋代官宦士人、妇女的助婚、助嫁情况如表4-2所示。

表4-2　宋代官宦士人、妇女的助婚、助嫁情况

人物	对象	助婚	助嫁	资料来源
王洙	朋友子女	公为人宽厚乐易，孝于宗族，信于朋友，诸孤不能自立者，皆为之嫁娶		欧阳修：《欧阳修全集》卷32《翰林侍读侍讲学士王公墓志铭》，中华书局2001年版，第473页
赵子昼	兄弟子女	于兄弟笃友爱，鞠其孤犹己子，宦学婚嫁，皆身任之，无失其时者		程俱：《宋故徽猷阁直学士左中奉大夫致仕常山县开国伯食邑九百户赠左道奉大夫赵公墓志铭》，《全宋文》第155册，上海辞书出版社2006年版，第434页
冯守信	朋友女	友人董方死后，二女无以嫁，冯为"选士办装，嫁之如己子"		王安石：《赠太师中书令勤戚冯公神道碑》，《全宋文》第65册，上海辞书出版社2006年版，第96页
许逊	故人女	故人无后，为嫁其女如己子		吕祖谦编，《宋文鉴》卷第126《许氏世谱》，中华书局1992年版，第1 765页

---

① 韩元吉. 南涧甲乙稿［M］//中华书局编辑部. 丛书集成初编. 北京：中华书局，1985：459.

表4-2(续)

人物	对象	助婚	助嫁	资料来源
王质权	荆南府百姓	知荆南府，民有讼婚者，诉曰："贫无资，故后期。"问其用几俸钱与之，使婚		欧阳修：《欧阳修全集》卷21《尚书度支郎中天章阁待制王公神道碑铭》，中华书局2001年版，第338页
查道	宗族友人	道出滑州，过父友吕翁家。翁丧，无以葬，母兄将鬻女，以办丧事。道倾褚中钱悉与之，又与嫁其女。又尝有僚卒，女为人婢，道赎之，将女以嫁士族也		李元纲：《厚德录》卷3，大象出版社2019年版，第275-276页
寇平	朋友	尤笃于朋友故旧，其贫不能婚丧者，婚葬之		王珪：《寇平墓志铭》，《全宋文》第53册，上海辞书出版社2006年版，第274页
刘定国	亲友故人	凡亲故贫不能嫁娶丧葬者，公身任其事，力不能及，则率同志助成之		张守：《宋故赠太子少师刘公神道碑》，《全宋文》第174册，上海辞书出版社2006年版，第51页
陈宗谔	陌生人	晚年尤喜施惠，饥者哺之，寒者衣之，婚姻不能成礼者与之币帛，死而无以敛其躯者与之棺椁。然未尝言之于人，而人亦不知其喜施惠也		谢逸：《陈居士墓表》，《全宋文》第133册，上海辞书出版社2006年版，第277页
赵处温	乡人	岁储粟千石，以助乡之贫而无敛及婚葬无力者		陈钟英等修，王咏霓撰：《光绪黄岩县志》卷21，清光绪三年刊本
窦禹钧	同宗、亲戚、故旧		同宗及外姻甚多贫困者，……亲戚故旧孤遗有女未能嫁者，公为出金嫁之。由公嫁者，孤女凡二十八人	范仲淹：《范仲淹全集》别集卷第4《窦谏议录》，中华书局2020年版，第450页

表4-2(续)

人物	对象	助婚	助嫁	资料来源
李椿	同僚女		同僚章贡李燮"死于安陆,有女弃民间。公赎而育之,韩令人爱之如己子,以归士族。"	朱熹:《敷文阁直学士李公墓志铭》,《全宋文》第253册,上海辞书出版社2006年版,第196页
腾洙	士族女		闻有士族女流落倡家,君谋赎之。……恰逢其子璘偶获千金若干,洙尽以予倡,得女嫁之	朱熹:《腾君希尹墓志铭》,《全宋文》(第253册),上海辞书出版社2006年版,第199页
朱寿昌	兄弟孤女		其于宗族尤尽恩意,嫁兄弟之孤女二人	李焘:《续资治通鉴长编》卷212,神宗熙宁三年六月壬戌,中华书局2004年版,第5 144页
杨宗惠	亲党之女		亲党无以葬,与孤女不能嫁,则出力资之	吕陶:《朝奉大夫知详州杨府君墓志铭》,《全宋文》第74册,上海辞书出版社2006年版,第85页
王曾	姻族孤女		葬外氏十余丧,嫁姻族孤女数人	李元纲:《厚德录》卷三,大象出版社2019年版,第271页
袁燮	从兄女		从兄涛嗜学固穷,其亡也,为殓葬,嫁其孤女之未嫁者	真德秀:《显谟阁学士致仕赠龙阁学士开府袁公行状》,《全宋文》第314册,上海辞书出版社2006年版,第49页
詹至	媚妹儿女	孝友尚义……媚妹来归,为之区处生事,儿女婚嫁皆得所		张栻:《新刊南轩先生文集》卷39《直密阁詹公墓志》,中华书局2015年版,第1 363页

表4-2（续）

人物	对象	助婚	助嫁	资料来源
葛胜仲	同族女		族女之孤不能自存者，则为之办装奁，遣择所归	周麟之：《葛文康公神道碑》，《全宋文》第217册，上海辞书出版社2006年版，第266页
黄虎	相邻子女		恤相邻如家人，里之孤贫者，嫁娶之如子女	吴泳：《黄虎墓志铭》，《全宋文》第316册，上海辞书出版社2006年版，第396页
吴奎	故人及姻族		初与乡人王彭年善，称道其能，为致名宦。彭年客死于京师，公使长子主丧事，周恤其家，嫁其二女焉。及他姻族，有不能自存者，为毕嫁娶数人	刘攽：《彭城集》卷37，齐鲁书社2018年版，第958页
黄照	族人	仕二十年，不为私计，赒族人之孤窭不能娶嫁者十余人		刘挚：《忠肃集》卷13《侍御史黄君墓志铭》，中华书局2002年版，第270页
赵抃	兄弟之女及其他孤女		平生不治资业，不蓄声伎，嫁兄弟之女十数，他孤女三十余人	脱脱等：《宋史》卷316，中华书局1985年版，第10 325页
李仲偃	族人孤女		自初筮以至挂冠，其间四十年，所得俸禄多给族中之贫者，嫁娶孤遗凡十许人"。①	胡宿《文恭集》卷37《故朝散大夫太常少卿致仕李公墓志铭》，《景印文渊阁四库全书》本（第1088册），台湾商务印书馆1986年版，第946页

---

① 胡宿. 文恭集 [M] // 纪昀，永瑢. 景印文渊阁四库全书. 台北：台湾商务印书馆，1986：946.

表4-2(续)

人物	对象	助婚	助嫁	资料来源
冯籽	族人	宗族之贫不能婚嫁者,君任其责		王之望:《汉宾集》卷15《遂宁逢君墓志铭》,《景印文渊阁四库全书》本(第1 139册).台湾商务印书馆1986年版,第871页
韩国华	姑姊儿女	姑姊数人,媚且老,悉奉以归,事之甚恭,为其男女婚嫁		韩琦:《安阳集》卷46《序先考令公遗事与尹龙图书》,《景印文渊阁四库全书》本(第1089册),台湾商务印书馆1986年版,第495页
李若谷	并州民	民贫失婚姻者,若谷出私钱助其嫁娶。赘婿、亡赖委妻去,为立期,不还,许更嫁		脱脱等:《宋史》卷291《李若谷传》,中华书局1985年版,第9 738页
沈遘	杭州民	人有贫不能葬及女子孤无以嫁者,以公使钱葬嫁数百人		李焘:《续资治通鉴长编》卷205,英宗治平二年辛巳,中华书局2004年版,第4980页
范仲淹	族人	嫁女支钱三十贯,再嫁二十贯。娶妇支钱二十贯,再娶不支		范仲淹:《范仲淹全集》续补卷第2《义庄规矩》,中华书局2020年版,第698页
		嫁女者五十千,再嫁者钱三十千;娶妇者三十千,再娶者十五千		吕祖谦:《宋文鉴》卷80《义田记》,中华书局1992年版,第1 157页

表4-2(续)

人物	对象	助婚	助嫁	资料来源
湘阴一富人	族人	男议婚十千,再婚减其半……女议嫁者钱三十千,再嫁则减其半		释惠洪《石门文字禅》卷22《先志碑记(代)》,《景印文渊阁四库全书》本(第1116册),台湾商务印书馆1986年版,第449页
赵鼎	族人	如有婚嫁,每分各给五百贯足,男女同		赵鼎《家训笔录》"丛书集成新编"本,新文丰出版公司1985年版,第139页
余良肱	士大夫女		士大夫死岭外者,丧车自虔出,多弱子寡妇。良肱悉力振护,孤女无所依者,出奉钱嫁之	脱脱等:《宋史》卷333《余良肱传》,中华书局1985年版,第10716页
韩琦妻崔氏	族人	亲为婚娶者几二十人,虽罄竭家赀而不顾也		韩琦:《安阳集》卷46《录夫人崔氏事迹与崔殿丞请为行状》,《景印文渊阁四库全书》本(第1089册).台湾商务印书馆1986年版,第502页
寡妇陈堂前	夫家子女	收养亲属贫穷无法生存者,为其婚嫁者至三四十人		脱脱等:《宋史》卷460《列女传》,中华书局1985年版,第13485页
王氏	族人		家法整整,而待下有恩意,凡臧获一人服役,则全家仰食,环其庐不自炊者盖数十室。性不啬于财,振贫婘恐不力。女之不能嫁,丧不葬,倚夫人而办	陈造:《太孺人王氏墓志铭》,《全宋文》第256册,上海辞书出版社2006年版,第403页

表4-2（续）

人物	对象	助婚	助嫁	资料来源
鲍氏	族人女		平居于财无爱吝，以资奁嫁族中女数人	陆佃：《鲍氏夫人墓志铭》，《全宋文》第101册，上海辞书出版社2006年版，第260页
叶氏	族人		损资遗以相助婚姻之失时者	袁说友：《故太淑人叶氏行状》，《全宋文》274册，上海辞书出版社2006年版，第382页
章氏	姻亲相邻		嗜善喜施……有孤婺不能嫁者，为办装择对，使有行。姻戚邻曲多蒙其惠	范浚：《范浚集》卷22《右通直郎范公夫人章氏合袚志》，浙江古籍出版社2015年版，第213页
赵氏	同宗族人	夫人执谊靡忒，鞠其孤，大其家，仁其宗族里党。……佐婚者夽襦焉		马廷鸾：《赵母夫人范氏墓志铭》，《全宋文》第354册，上海辞书出版社2006年版，第79页

第三节　民间的态度及因应措施

一、民间的态度——积极参与、大肆攀比

由前文可知，民间财婚风气有增无减、愈演愈烈，甚至不惜典卖土地房屋以循时俗。尽管缺乏奢华的本钱，但民间婚嫁依然竭尽财力，大肆攀比炫耀。南宋时刘宰见到其乡里"某无田可耕，某无庐可居，某

子女长矣而未昏嫁，皆汲汲经理"①。可见，在时人眼中，婚嫁已成为同居住、生存并列的人生基本问题。又如在财婚风气较盛的福建地区，"婚嫁丧祭，民务浮侈，殊不依仿礼制"。娶妇之家，必邀集邻居、亲戚多至数百人，"椎牛行酒，仍分缣帛钱银"作为婚姻之礼。宋代嫁女除妆奁外还必须有"随车钱"，多者千缗，少者不下数百贯，否则会遭到乡邻的耻笑，甚至婚嫁男女本人也不满意。富裕的家庭在婚嫁中竞相"以豪侈相高"，贫困无力置办者，则往往"贸易举贷以办"②。这显然是攀比炫耀的心理在作祟。隆兴时期，据文献记载，两广地区"婚姻丧葬习为华侈，夸兢相胜，有害风俗"③；浙江永嘉地区"嫁娶丧葬，大抵无度，坐是贫窭不悔"④，长安地区"民……羞不相及，嫁娶尤崇侈靡"⑤；江苏地区"顾其民，崇栋宇，丰庖厨，嫁娶丧葬，奢厚无度"⑥，甚至连少数民族地区也"婚嫁以粗豪汰侈为高"，聘财嫁资"多至千担，少亦半之"⑦。上述不同地区的文献记载反映了宋代婚嫁相互攀比、奢靡无度的社会现实。王安石在给仁宗皇帝的奏折中也提到民间婚嫁相互攀比的奢靡之风：

婚丧、奉养、服食、器用之物，皆无制度以为之节，而天下以奢为荣，以俭为耻。苟其财之可以具，则无所为而不得，有司既不禁，而人

---

① 脱脱. 宋史 [M]. 北京：中华书局，1985：12170.

② 廖刚. 高峰文集 [M] //纪昀，永瑢. 景印文渊阁四库全书. 台北：台湾商务印书馆，1986：364.

③ 徐松. 宋会要辑稿 [M]. 北京：中华书局，1957：6574.

④ 林季仲. 竹轩杂著 [M] //纪昀，永瑢. 景印文渊阁四库全书. 台北：台湾商务印书馆，1986：14.

⑤ 宋敏求. 长安志 [M] //中华书局编辑部. 宋元方志丛刊. 北京：中华书局，1990：77.

⑥ 朱长文. 吴郡图经续记 [M] //中华书局编辑部. 宋元方志丛刊. 北京：中华书局，1990：644.

⑦ 范成大. 桂海虞衡志 [M] //中华书局编辑部. 范成大笔记六种. 北京：中华书局，2002：138.

又以此为荣。苟其财不足，而不能自称于流俗，则其婚丧之际，往往得罪于族人亲姻，而人以为耻笑。故富者贪而不知止，贫者则强勉其不足以迫之。此士之所以重困，而廉耻之心毁也。凡此所谓不能约之以礼也。①

正是在"以奢为荣，以俭为耻"的社会风气的推动下，人们为流俗所迫，婚嫁不得不大肆讲究排场，否则就会得罪族人姻亲，为大家所耻笑，就形成了所谓"故富者贪而不知止，贫者则强勉其不足以迫之"的奇怪现象，同时，这种相互攀比的奢靡之风也对宋代财婚风气起了推波助澜的作用。

二、民间的因应措施——早作准备、自筹嫁妆

高昂的婚姻成本，不得不提醒民间家庭应尽早做好准备，避免家中男女婚姻失时。比如安徽黄山地区由于盛产美木，因此许多家庭"女子始生，则为植杉"，等女儿出嫁时再砍伐卖掉以充当女儿的嫁资。正因为这些树木关系到女子日后的婚嫁大事，故常有女子"预自蓄藏"②。在福建泉州永春县、安溪县和德化县民间，也有把植杉作为备办嫁妆的主要途径，"人生女，课种百株，木中梁栋，其女及口，借为奁资焉"③。正因为如此，袁采曾多次告诫中产之家，一旦生女，为日后"遣嫁乃不费力"，应"早为储蓄衣衾妆奁之具""有生一女而种杉万根者，待女长成则鬻杉以为嫁资，此其女必不至失时也"④。这些例子说明许多平民家庭为了能让女儿及时婚嫁，往往在女儿年幼时就开始准备嫁资了。

---

① 詹大和，等. 王安石年谱三种［M］. 北京：中华书局，1994：306.
② 罗愿. 新安志［M］//中华书局编辑部. 宋元方志丛刊. 北京：中华书局，1990：5.
③ 陆游. 剑南诗稿［M］. 上海：上海古籍出版社，1985.
④ 袁采. 袁氏世范［M］//纪昀，永瑢. 景印文渊阁四库全书. 台北：台湾商务印书馆，1986：622-623.

民间家庭除了尽早做好准备，以应对日后儿女婚嫁的巨额开销外，也有自营嫁妆的女子，即指女子自己赚取钱财、物资作为出嫁的妆奁。宋代史籍中出现了很多女子自营嫁妆的材料，这对于生活在下层的贫家女来说，无疑是应对因家贫而不能出嫁的最好办法。"广南风俗，……如贫下之家，女年十四五，即使自营嫁装，办而后嫁。其所喜者，父母即从而归之，初无一钱之费也。"① 可见在广南地区，女儿到了十四五岁便能够自己赚钱做嫁妆，贫穷家庭的父母嫁女时不用"一钱之费"。当然，女儿靠什么手段赚取钱财，不同地区、不同家庭情况各异。《玉壶清话》中有一条讨论周祖郭威起家的材料，柴家女儿在嫁给周祖之前，"悉有奁具计直十万，分其半与父母"，后又将自己剩下的五万嫁资资助其夫"以发其身"②。这里提到的"奁具十万"，就是自营嫁资的一种。在宋代，室女还可以通过"组纤"的方式来赚取钱财，为其自营嫁妆创造条件。据《礼记注疏》记载，"组纤俱为绦也，纤为缯帛，故杜注《左传》，纤谓缯帛，皇氏云：'组是绶也，然则薄阔为组，似绳者为纤。'"③ 根据注疏的解释，组纤原指两种由女工所制的不同形状的衣料，后引申为女子练习女红的闺内活动，是古代女子"妇功"的重要内容之一，也是判断女子是否"闺门淑秀"的重要指标。不仅如此，组纤还具有经济意义，在室女可以通过卖出组纤的成品开拓独立的财源。因此，组纤可以视为自营嫁妆的一种手段，尤其是对于贫家女而言，组纤无疑可以为她们在婚姻市场的角逐中赢得一次机会。

① 庄绰. 鸡肋编 [M] //上海古籍出版社. 宋元笔记小说大观. 上海：上海古籍出版社，2001：4024-4025.

② 文莹. 玉壶清话 [M] //上海古籍出版社. 宋元笔记小说大观. 上海：上海古籍出版社，2001：1496.

③ 郑玄. 礼记注疏 [M] //纪昀，永瑢. 景印文渊阁四库全书. 台北：台湾商务印书馆，1986：585.

第四节　女性自身的态度

前文探讨了官方、士人、民间三个不同群体对宋代财婚的态度和因应措施，那么，作为财婚交易活动最终受害者——妇女群体，她们自身又是如何看待自己像物品一样被嫁卖呢？在传统文化（以男权社会文化为主体）的影响下，女性根本没有把自己的被卖、被转让与权利的侵夺、地位的低下联系起来。相反，很多妻子、女儿、妾或乐于接受，或坦然面对男性的安排。如前文提到的贾似道的母亲胡氏，贾涉因见其长得美貌，故意调戏道："汝能从我乎？"妇曰："有夫安得自由，待其归，君自为言。"后来其丈夫归来后，"夫妇欣然卖与"。"欣然"二字则表明了胡氏对于自己被夫所卖是乐于接受的。再如话本《错斩崔宁》中，刘贵从丈人处借得十五贯钱回家，其妾二姐问询钱从何处来，刘贵"一来有了几分醉酒，二来怪他门开得迟了，且戏言吓他一吓"，便说："说出来，又恐你见怪，不说时，又须通你得知。只是我一时无奈，没计可施，只得把你典与一个客人，又舍不得你，只典得十五贯钱，若是我有些好处，加利赎你回来，若是照前这般不顺溜，只索罢了。"其妾二姐竟信以为真，并打算马上回家告诉爹娘①。可见，宋代的婚姻关系全由丈夫做主，要休便休，要典便典，妻妾未曾有反抗的余地。

此外，从前文的材料中也可了解到，买卖妻妾者，不仅仅是男性，也有不少女性。如前文中冯京的父亲冯高，因为"壮岁无子"，其妻授以白金数笏，并说："君未有子，可以此为买妾之资。"② 同样王安石妻

---

① 程毅中. 宋元小说家话本集 [M]. 济南：齐鲁书社，2000：253.

② 罗大经. 鹤林玉露 [M] // 上海古籍出版社. 宋元笔记小说大观. 上海：上海古籍出版社，2001：5284.

子吴氏亲自给王安石买了一个妾①。在话本《错认尸》中，巡检病逝，乔俊欲买巡检之侍妾为妻，于是，巡检夫人做主卖妾，并索取聘财一千贯②。由此可见，这些女性往往成为了迫害女性的主动施行者。正如杨果所言：

> 女性失去了自我，就只能以男权文化的女性价值作为标准，来重塑一个自己，以满足主流文化对女性顺、柔、淑、贞等种种"美德"的企盼……正是在这样一种文化的塑造下，对女性实施这种异己教化的，不仅有男性，也有女性自身……可见，女性也在自觉地维护"女德"的藩篱，有的甚至成为戕害女性自觉的施动者。③

综上所述，宋代各方对财婚的态度和因应措施如表4-3所示。

表4-3　宋代各方对财婚的态度和因应措施小结

社会群体	态度	因应措施	效果
官方	既禁止又纵容	对士人、官宦、宗室的婚嫁资助	一定程度缓解民间财婚问题，但不能根本解决民间财婚问题
士人	舆论批评但又难以以身作则	助婚助嫁	解决民间财婚问题因贫不能婚嫁的现象
民间	积极参与、大肆攀比	早作准备、自谋嫁妆	缓解民间财婚问题，但不能根本解决民间的财婚问题
妇女	麻木、坦然面对和接受	无	进一步加剧了财婚现象的盛行

---

① 类似例子还有很多，如《宋史·袁绍传》，"夫妻俱近五十无子，其妻资遣之往临安置妾"。(脱脱. 宋史 [M]. 北京：中华书局，1985：12451)，又据刘斧的《青琐高议》记载，在时邦美的父亲六十四岁母四十多岁时，仍无子，其母就对丈夫说："我有白金百星，可携行知君，求一妾归。"[刘斧. 青琐高议（后集卷之2. 时邦美）[M] //上海古籍出版社. 宋元笔记小说大观. 上海：上海古籍出版社，2001：1100] 这些事例基本都是在夫妻年高而无子时，为了延续家族，妻子会主动支持或者亲为为丈夫买妾。这些妻子往往因此被冠以"通情达理"的美名而受到男性的赞赏。

② 程毅中. 宋元小说家话本集 [M]. 济南：齐鲁书社，2000：508.

③ 杨果. 宋辽金史稿 [M]. 北京：商务印书馆，2010：325-326.

第五章 宋代财婚现象的特点、影响及历史启示

前文主要探讨了宋代财婚现象发生的背景、内容、主要形式以及社会各方对财婚现象的因应措施，本章主要考察宋代财婚现象的特点、影响及历史启示。

第一节 宋代财婚现象的特点

《周易》言："有天地，然后有万物；有万物，然后有男女；有男女；然后有夫妇；有夫妇，然后有父子；有父子，然后有君臣；有君臣，然后有上下；有上下，然后礼仪有所错。"① 可见婚姻是礼仪秩序的基础，然而宋代财婚风气的流行使得婚姻变成了一种赤裸裸的金钱交易，"礼"赋予婚姻的意义遭到严重践踏，这使得宋代财婚具有鲜明而独特的特点。

---

① 王弼. 周易注 [M]. 北京：中华书局，2011：387.

从地域格局来看，南方比北方财婚之风更盛，其中又以福建地区、两浙地区、两广地区为最。由文献记载可知，财婚现象在北方并没有南方严重，进入南宋后，金人占领北方，而金人的婚嫁习俗并不崇尚侈靡，这对北方汉人的婚姻习俗有一定的影响①。而发生在南方的财婚事例则较多，特别是在福建、两浙、两广等沿海地区尤其突出。福建地区把"婚溺于财"与"疾溺于巫""丧溺于佛"等看作是害人的陋俗，"有如疾溺于巫，丧溺于佛，婚溺于财，与夫僧胥之情伪，狱市之烦扰，下至遐乡僻邑，牙侩船户及蓄蛊之家，所以害人者"②。蔡襄所批判的"今之俗，取其妻，不顾门户，直取资财"③ 也指的是福建地区。江浙和两广地区的财婚事例也是不胜枚举，如南宋都城临安繁华的人口买卖市场，江南地区的典妻、贴夫恶俗，以及广南的和尚娶妻等，以致因财婚之风而产生的溺婴、生子不举等恶劣现象增多。究其缘由，一是由于宋代经济重心南移，南方经济空前发展，商品经济繁荣。特别是福建、浙江等沿海地区，海港众多，海外贸易发达，商品经济进一步刺激着人们对金钱的追求，为财婚的流行奠定了物质基础。二是南方地区，特别是福建浙江等沿海地区，经商者较多，受商品经济思想文化的影响，从以往的"重农抑商""重本抑末"向"本末皆富""食货并重"等思想转变，人们的价值取向也从"重义轻利"向"重商崇利"转变。受这种社会观念的影响，婚姻也深深打上了商品经济"好利"的烙印，完全撕破了神圣的"聘娶"这一形式的外衣，变成了赤裸裸的讨价还

---

① 洪皓在《松漠纪闻》中提到，金国旧俗，婚嫁习俗，多以食物、马匹、器具作为婚礼资财，并没有男方婚嫁的奢靡之风。

② 梁克家. 三山志 [M]. 福州：海风出版社，2000：632.

③ 蔡襄. 蔡襄集 [M]. 上海：上海古籍出版社，1996：618.

价的商品交易，婚姻嫁娶如同"驵侩鬻奴卖婢"①。

从历史的纵向比较来看，财婚现象并非宋代特有，财婚起源较早，并伴随着婚姻重财风气发展。汉代的婚姻中就有财婚事例，如山东高门的卖婚行为实质就是财婚。但是汉代至唐代的财婚与宋代的财婚是存在区别的。从财婚的地位来看，汉代至唐代这段时期，由于受门阀制度的影响，婚姻的缔结注重门第、地位，婚姻主要形式是门第婚，财婚也是攀附门第的一种手段，因此宋代之前的财婚是门第婚的一种表现形式。而进入两宋时期，随着门阀制度的瓦解、门第观念的淡薄以及商品经济的发展，根植于门阀制度下的门第婚逐渐被财婚取代，这就使得聘娶形式外衣掩盖下的封建买卖婚姻不仅日趋严重，而且变得更加公开化，财婚逐渐成为普遍的社会现象。从财婚流行的范围来看，早期的财婚只是零散现象，仅仅是流行于社会中的部分人群中，而且人们往往要用各种方式进行掩饰，以避免招致他人的讥讽和鄙视，财婚并没有成为一种普遍的社会现象。迫及宋代，财婚风气成为一种大众化的社会习俗，上至皇室宗亲、官僚士人，下至普通民众、娼妓杂类都参与其中，堂而皇之地公开卖婚和买婚。

从社会的发展角度看，宋代婚姻论财风气的空前兴盛和财婚现象的正常化与普遍化是此时期社会变革的产物，它冲破了传统社会等级森严、上下有别的既有秩序，反映了个性自主意识的不断成长，标志着长期以来占主导地位的门第婚的全面衰落。但财婚与门第婚一样，本质上属于扭曲的婚姻形态：门第婚体现的是"门第至上"的价值观，将婚姻视为维护门第等级的工具；财婚体现的是"金钱至上"的价值观，

---

① 孟元老. 东京梦华笺注 [M]. 北京：中华书局，2007：149.

将婚姻视为获取钱财的工具，甚至视为市场交易的商品，进一步刺激了人们不正常的物欲追求。就此而言，财婚取代门第婚并不具有社会进步的意义①。

第二节　宋代财婚现象对两宋时期的影响

财婚作为一种扭曲的、特殊的婚姻形态，必然对婚姻产生了重要的影响。随着商品经济的发展，在奢靡之风的影响下，宋代财婚之风有增无减、愈演愈烈，人们在婚姻的缔结过程中往往"女索重聘，男争厚奁"，使得那些拥有丰厚妆奁或者聘财的青年男女，无疑在婚姻市场的角逐中处于"有利的地位"。但是这种"有利的地位"仅仅局限于一小部分拥有丰厚婚姻成本的个人或者家庭，且呈现出一种病态的特征，并不利于婚姻的健康发展。对大多数婚姻家庭来说，财婚对婚姻产生的更多是一些消极作用和负面影响。此外，随着宋代财婚之风的流行还带来了一系列的社会问题，对两宋时期乃至后世都产生了深远的影响。

一、财婚对宋代婚姻家庭的影响

在商品经济影响下的财婚习气，给当时的社会生活造成了很深的影响，它导致人们习惯于将金钱作为衡量他人的价值标准，若是某人达不到这个标准就会受到别人的排斥。因此，宋代财婚对婚姻家庭的消极与破坏作用，主要体现在以下几个方面：

第一，宋代唯财是取的财婚风气，导致时人在婚嫁中大肆攀比，奢

---

① 陈国灿，游君彦. 略论宋代的财婚现象 [J]. 探索与争鸣，2014（3）：91.

靡无度，出现了许多男女婚嫁失时的现象，尤其是厚嫁的流行，使得不少贫女"老于幽谷"。

如果说中产之家要早作准备才能完成子女的婚嫁，那么社会底层的平民百姓、下户佃客则很难及时婚嫁，导致婚姻失时。对此，北宋士人范仲淹在《答手诏条陈十事》中指出，"男不得婚，女不得嫁、丧不得葬"的现象，比比皆是。究其缘由，主要是财婚风气盛行，婚嫁费用猛增，福建等地"厚于婚丧，其费无艺"[①]。同时，婚宴等延续的时间长，"来者无限极，往往至数百千人"[②]。庐州地区（今安徽合肥）婚嫁时，"宗族竞为饮宴以相贺，四十日而止"[③]。宋代的诗词中，对贫困女子出嫁的困难也有所反映，南宋诗人、画家宋伯仁的诗《村姑》云：

底事蹉跎二八年，嫁时装着未周旋。

年年织得新丝绢，又被家翁作税钱。[④]

又有其诗《老女》云：

着破箱中欲嫁衣，翠翘何止只忧葵。

春来偷摘斑斑发，泪湿菱花只自知。[⑤]

类似的作品还有杨万里的《和王道父山歌二首·其二》：

阿婆辛苦住西邻，岂爱无家更愿贫。

秋月春风担阁了，白头始嫁不羞人。[⑥]

---

① 脱脱. 宋史［M］. 北京：中华书局，1985：10927.

② 朱熹. 三朝名臣言行录［M］//纪昀，永瑢. 景印文渊阁四库全书. 台北：台湾商务印书馆，1986：182.

③ 司马光. 涑水记闻［M］//纪昀，永瑢. 景印文渊阁四库全书. 台北：台湾商务印书馆，1986：341.

④ 宋伯仁. 雪巖吟草［M］//纪昀，永瑢. 景印文渊阁四库全书. 台北：台湾商务印书馆，1986：175.

⑤ 宋伯仁. 雪巖吟草［M］//纪昀，永瑢. 景印文渊阁四库全书. 台北：台湾商务印书馆，1986：175.

⑥ 北京大学古文献研究所. 全宋诗［M］. 北京：北京大学出版社，1998：170.

这些作品是作者针对民间多旷女怨夫的社会现实所作的。诗中的女主人公被作者称作"阿婆",这可能是作者的有意夸张,意在突出女子的年老。阿婆的辛苦之处在于其无家室且贫穷,而贫穷又是其无家室的根源。因为贫穷而无法准备嫁妆,媒人对其也唯恐避之不及。虽然该女子是"白头始嫁",作者对她却没有道德上的批判,而是充满理解和同情。因为诗人知道这一现象的根源不在于当事人,而在于这个唯利是图、见钱眼开的社会。

朱继芳曾以《贫女》为题创作了一组诗歌,如《贫女·其二》:

洗尽铅华净洁贫,嫁衣莫说为他人。

绝怜父母穷相守,不为金多贱却身。①

再如《贫女·其五》:

灯下穿针影伴身,懒将心事诉诸亲。

阿婆许嫁无消息,芍药花开又一春。②

两首诗都细致入微地刻画了贫女为他人做嫁衣,自己恨嫁却不得嫁的痛苦。前一首诗歌赞誉了贫女宁愿同父母相守到老,也不会为了金钱而贱卖自己的高洁人格,后一首则传达出了贫女眼看时光飞逝却无可奈何的寂寞心绪。这种细致写实的描写,正是出于诗人对这一群体的理解和同情。

另一位南宋诗人陈造在《财昏》一诗中也对财婚风气而导致的贫女婚嫁失时的现象予以批评,其诗云:

师昏古所辞,财昏今不耻。

传祀合二姓,古者贯由礼。

① 北京大学古文献研究所. 全宋诗 [M]. 北京:北京大学出版社,1998:39061.
② 北京大学古文献研究所. 全宋诗 [M]. 北京:北京大学出版社,1998:39061.

四德五可外，货贿亦末尔。

民风日就颓，舍此争校彼。

媒氏未到眼，聘资问有几？

倾奁指金钱，交券鼍租米。

东家女未笄，仪矩无可纪。

已闻归有日，资送耀邻里。

西家女三十，闭户事麻枲。

四壁漏风霜，行媒无留趾。

坐贫失行期，趣富曹贪鄙。①

上述诗文生动地反映了贫家女子难以婚嫁的情况，哪怕是"年年织得新丝绢"，沉重的赋税仍使贫女嫁妆没着落。有的女子虽还未成人，规矩礼仪也全然不懂，但已有婚期，只因为她拥有丰厚嫁妆；而有的女子年过三十，却"坐贫失行期，趣富曹贪鄙"。可见，因贫难嫁的现象在宋代可谓比比皆是。即使定亲后，一旦这些女子的财产出现问题，她们很可能也会遭到婆家无情的抛弃。范端臣在《新嫁别》中描写了一个因嫁妆被偷，新婚仅一天就遭婆家驱赶的苦命女：

邻家新妇谁家女，昨日嫁来今日去。

徘徊欲去呼问之，何乃遽遭姑舅怒。

妇欲致词先泪雨，妾在村东年十五。

长成只待嫁良人，不识人间离别苦。

妾从五岁遭乱离，频年况逢年凶饥。

母躬蚕桑父锄犁，耕无余粮织无衣。

---

① 陈造. 江湖长翁集 [M] //纪昀，永瑢. 景印文渊阁四库全书. 台北：台湾商务印书馆，1986：67.

十年辛苦寸粒积，倒箧倾囊资女适。

岂知薄命嫁良人，招得偷儿夜穿壁。

晓看奁橐无余遗，罗绮不见空泪垂。

公姑忌妾遣妾去，欢意翻成长别离。

公姑遣妾妾难住，出门惘失来时路。

不恨良媒恨妾身，生离不为夫征戍。

我闻此语长嗟咨，谁知贼遣人分离。

抚人捕贼官乃职，纵贼不捕官何为。

妇言妾去君莫语，偷儿如鼠官如虎。①

　　该诗生动刻画了新妇生身父母的艰辛，男耕女织的劳作模式使她家仅能勉强糊口，"耕无余粮织无衣"，家中一贫如洗。给其准备的嫁妆是她父母辛苦积攒下来的，为了让她出嫁已经倾尽所有。这辛苦准备的嫁妆，却在结婚当晚被小偷搜刮一空。因嫁妆失窃，公婆对其的态度立马变得恶劣，催促新妇离开。作者在这里借新妇之口表达了对丧失良知的小偷、无所作为的官吏的谴责，但究其实质，造成新妇悲剧命运的是当时拜金的社会风气。钱成了衡量一切的标准，人与人之间温情不再，取而代之的是赤裸裸的利益关系。因此，丢失嫁妆的新妇自然也就失去了家庭地位，丧失了利用价值。

　　在宋代僧人释文珦的《雉朝飞》一诗中，释文珦以一位贫苦人的口吻来痛斥这个不公的世道：

春日迟迟，有雉朝飞。

一雄自得，群雌相随。

自西自东，饮啄不违。

──────────

　　①　北京大学古文献研究所. 全宋诗 [M]. 北京：北京大学出版社，1998：24039.

牧犊采薪，见而感之。

我生徒为人，七十反无妻。

尝闻二南世，天下无鳏嫠。

万物得其所，婚姻皆以时。①

“我生徒为人，七十反无妻”一句，道尽了主人公的无奈甚至是绝望。释文珦在结尾处，表达了对周南、召南治世的向往，并暗含了对现实的批判。这究竟是怎样一个社会，让人充满了生而为人的挫败感？作者在这里并没有给出明确的答案，但是结合南宋时奢靡浮夸的社会风气和长盛不衰的拜金观念，其答案便不言自明了。正是这股直求资财的社会风气愈演愈烈，才出现了大量的怨女旷夫。

鉴于此，一些地方官员纷纷上书朝廷，要求严禁此风。绍兴二十四年（1154 年）十一月二十五日，尚书吏部侍郎王晞亮上书朝廷说，近年来民间奢侈之风大增，婚姻者“贸田业而犹耻率薄，以至女不能嫁，多老于幽居”，富者“兢侈而越法”，贫者“强效而堕业”。王晞亮希望有关部门对此加以整治，使婚嫁各遵礼制，毋尚侈靡②。张栻在《劝谕文》中也称：“访闻婚姻之际，亦复僭度，以财相徇，以气相高，帷帐酒食，过为华侈，以至男女失时，淫辟之讼多往往由此。曾不知为父母之道，要使男女及时各有所归，婚姻结好，岂为财物？其侈靡等事，一时之间徒足以欺眩乡闾无知之人，而在身在家所损不细，若有不悛，当治其尤甚者以正风俗。”③ 显而易见，贫不能嫁而引起的婚姻失时在宋代已引起全社会的普遍关注。

---

① 北京大学古文献研究所. 全宋诗［M］. 北京：北京大学出版社，1998.
② 徐松. 宋会要辑稿［M］. 北京：中华书局，1976：6574.
③ 张栻. 南轩集［M］//纪昀，永瑢. 景印文渊阁四库全书. 台北：台湾商务印书馆，1986：552.

第二，婚姻的缔结以对方的资财为取舍，以得到更多的聘财或妆奁为目的，因而筹备一大笔聘财妆奁成为时人的一大负担，甚部分家庭不惜因婚嫁而典田鬻庐，或是借高利贷乃至破产。

宋代名士叶梦得（1077—1148 年）的《石林家训》中记载，为了使两个妹妹嫁得佳婿，不惜辛苦筹措嫁资，后不得不向陈州蔡宽夫侍郎借贷，"得三千许缗"，再加上自己的所有俸禄，以及母亲"积箱箧所有，仅留伏腊衣衾，其余一金不以自有"，这样才勉强使得两个妹妹的奁具不过于俭薄。王安石（1021—1086 年）因"先臣之未葬，二妹当嫁，家贫口众"，数次请辞在朝为官而外任，以"奉养昏嫁葬送之窘"①，汪应辰（1119—1176 年）也因子女"婚嫁之未办，而有不及时之忧"，上书宰相，请求"裁赐一外任合人差遣"②。曾巩（1019—1083 年）曾感叹道："吾妹十人，一人蚤夭，吾既孤而贫，有妹九人皆未嫁，大惧失其时，又惧不得其所归。"③ 陆游亦曾上书丞相虞允文，称因家贫，"儿年三十，女二十，婚嫁尚未敢言也"，请求"捐一官以禄之，使粗可活，甚则使可具装，以归又望外则，使可毕一二婚嫁"④。叶梦得、王安石、汪应辰、曾巩、陆游等人都是华冠大族，尚且如此，那么一般百姓嫁女娶妇的艰难程度就可想而知了，为筹备子女婚嫁，只好鬻田卖屋、举债甚至破产，时民有"伤生以送死，破产已嫁人"之说。⑤

---

① 王安石. 临川先生文集［M］. 北京：中华书局，1959：426.
② 汪应辰. 文定集［M］//纪昀，永瑢. 景印文渊阁四库全书. 台北：台湾商务印书馆，1986：714.
③ 曾巩. 元丰类稿［M］//纪昀，永瑢. 景印文渊阁四库全书. 台北：台湾商务印书馆，1986：744-745.
④ 陆游. 渭南文集［M］//纪昀，永瑢. 景印文渊阁四库全书. 台北：台湾商务印书馆，1986：403.
⑤ 郑居中. 政和五礼新仪［M］//纪昀，永瑢. 景印文渊阁四库全书. 台北：台湾商务印书馆，1986：6.

元祐（1086—1094年）时，王岩叟就曾指出："民间典卖庄土，多是出于婚姻丧葬之急。"① 咸平五年（1002年），户部使王子舆暴疾死后，留下两个儿子和三个女儿，其弟"鬻京师居第，以钱寄楚州官库"，以备兄长三个女儿的嫁资。② 这些例子说明，宋代娶妇嫁女，给时人造成了巨大的经济负担。

第三，这种不是基于双方感情而是以获取对方资财为目的所缔结的婚姻，不利于家庭内部的和睦，可能会导致许多家庭诉讼。很多家庭本想通过丰厚的资财加强两家之间的联系，然而嫁妆聘财作为家庭财产的一部分却反而很容易引起纷争，往往使亲戚或者亲人变为仇敌。在南宋文书《名公书判清明集》中，就有许多关于因嫁资而引起的家庭诉讼的案子。③ 详情如表5-1。

表5-1 《名公书判清明集》中因婚嫁资财而引发的家庭诉讼

例案	原因	法官判决结果	卷/页码
定夺争婚	吴重午之女遭遇三次嫁卖，先被族人吴千一兄弟诱取，谋为吴千二之妻，后卖与翁七七为媳妇，复嫁与李三为妻。无不是为谋取资财	吴千一、吴千二、吴重五犯在赦前，且于免断，引监三名，备元受钱、会，交还翁七七	9/348

---

① 徐松. 宋会要辑稿 ［M］. 北京：中华书局，1976：5030.

② 李焘. 续资治通鉴长编 ［M］. 北京：中华书局，2004：1114.

③ 在《名公书判清明集》中有一例，有嫁妆的孤女也不一定好过，她的监护人——叔叔、姐妹的丈夫或其他亲戚并不愿意让她嫁出去，原因是不想失去对她财产的控制。如一桩掌管其叔叔遗产的案子，财产本属于他叔叔的女儿和孙女，女儿已25岁，但无任何谈婚论嫁的迹象，孙女的婚事也提起过，但同样没任何结果。判官观察到："今留绣娘于家，诚可以为占田之策。"

表5-1(续)

例案	原因	法官判决结果	卷/页码
婚嫁皆违法条	叶四违法将妻子阿邵嫁与吕元五,得钱五百贯	叶四、吕元五皆不得妻,阿邵断讫,责付牙家别与召嫁	9/352
女已受定而复雇当责还其夫	姜百为得聘财,将已受定之女三次卖与他人为妻	姜百三卖已受定之女姜一娘与他人为妻,一女三嫁。后法官判为责姜一娘还其夫成婚	9/345
诉奁田	石居易"念其侄女失怙,且贫无奁具,批付孟城田地,令侄石辉求售,为营办之资"。石辉将田产售后,得钱为自己还债,而其妹婿廖万英"来索房奁,且无所得"	女弟昏嫁,托孤寄命,非石辉之责,谁之责哉?既无毫发之助,反以乃叔助嫁之田,卖田归己,是诚何心哉?并责令引监日呈纳上项价钱,交付刘七,赎回田产付廖万英,契仍寄库	7/184-185
官为区处	李介翁生前侍婢郑三娘与其再嫁夫宗子赵希珂千方百计谋取郑三娘与前主人李介翁所生女儿良子的嫁资	李介翁死而无子,其婢郑三娘有一女儿名叫良子,官司通过检校,指拔良子应分物产,令阿郑抚养,以待其嫁,其钱会银器等则官为寄留之。但阿郑"忘幼女之孤,反分取良子之嫁资田业,而自为嫁资,不待其主之葬,以身出嫁宗子希珂"。后来,良子纳余日荧男震子之聘,且接受了余家聘礼。而赵希哲为了得到良子寄留在官的钱会银器,又将良子夺归,谋改嫁赵必贯,"脱所寄库之物"。后都受到了法官的处罚	7/231-232

表5-1（续）

例案	原因	法官判决结果	卷/页码
妻财置业不系分	陈圭诉子仲龙与妻蔡氏，盗典众分田业（蔡氏的妆奁置到）与蔡氏弟蔡仁	宋律规定"妻家所得之财，不在分限。""妇人财产，并同夫为主。"但由于蔡仁是蔡氏弟，其踪迹又有可疑，最后判官判为"今蔡仁原以田业还其姊，官司自当听从。案须引问两家，若是陈圭原被钱还蔡氏，而业当归众，在将来兄弟分析数内；如陈圭不出赎钱，则业还蔡氏，自依随嫁田法矣，庶绝他日之争"	5/140
卖过身子钱	阿陈之女四卖于人，其身子钱已增不止三倍	送到官府后，判官判为"监限十日足，违限却收卖女之罪，勘断个身取足，庶知倚法欺骗之无所利也。余人放，锁索椎毁"	9/358
女家已回定帖而反悔	谢迪与刘颖议亲并回帖，在接受其聘财后，却又反悔	根据宋律，许嫁女，已投婚书及有私约而辄悔者，杖六十；更许他人者，杖一百；已成者，徒一年。再判：诸背先约，与他人为婚，追归前夫。已嫁尚追，况未嫁乎？刘颖若无绝意，谢迪只得践盟，不然，争讼未有已也	9/346-347
叔诬告侄女身死不明	息娘叔天佑为得到息娘的奁田，诬告侄女身死不明	璩天叙有女息娘，天叙死后，得乃祖璩尧祖拔一分田为妆奁，嫁与姨元三娘之子张崇仁，后息娘死，其叔为得其奁田，诬告侄女身死不明，导致已死之息娘受剖棺之戮	13/501-503

表5-1中的案件都是出自《名公书判清明集》一书，其中"定夺争婚"案、"婚嫁皆违法条"案、"女已受定而复雇当责还其夫"案、"卖过身子钱"案均涉及婚姻买卖。为获取聘财，时人不惜嫁卖妻女，甚有多次出卖妻女而大获其利者，这些人最后都受到了法律的制裁。还有五个案件是因妆奁引发家庭纠纷，直至闹上公堂，求助法官决。可见

在宋代社会，因聘财和妆奁引发的家庭纠纷十分常见。此外，在宋代的其它文献中，这类例子也是不胜枚举。闽中地区为聘财资装，嫁女争讼无虚日，据王得臣称："予漕本路，决其狱，日不下数人。"① 人们在选新妇时，往往不问对方家庭地位，而是只在意嫁资的厚薄，嫁妆一旦送到婆家，丈夫"己而校奁橐，朝索其一，暮索其二。夫虐其妻，求之不已。若不满意，至有割男女之爱，辄相弃背。习俗日久，不以为怖"②。司马光也发现随着这种贪图嫁资的风气的蔓延，新娘不但不会因嫁资受到保护，相反，还会因此陷入险境。并且，司马光还认为高额的妆奁有可能导致新妇品行的败坏，若"苟慕一时之富贵而娶之，彼挟其富贵，鲜有不轻其夫而傲其舅姑养成娇妒之性，异日为患"③。

二、宋代财婚现象带来的社会问题

宋代财婚是在婚姻论财和奢靡的风气下滋生并流行起来的，而财婚的盛行又进一步刺激了婚姻论财及奢靡攀比的社会风气。财婚风气的盛行，同时又引发和加剧了一系列的社会问题。

首先，宋代溺婴之风遍及南北，其中又以溺女婴为最，"究其弊源""盖缘厚其婚葬"④。从实际的经济因素来看，生男孩和生女孩有不同的意义。男孩的诞生意味着家中了多了一个劳动力，而女儿的出生则意味着该家庭不但要花费十多年的心血抚养她，还要为其准备丰盛的嫁资，无异于家中多了一个"累赘"。因此，宋人对生男生女的态度是"生男

① 王得臣. 麈史 [M]. 郑州：大象出版社，2019：250.
② 吕祖谦. 宋文鉴 [M]. 北京：中华书局，1992：1504.
③ 司马光. 书仪 [M] // 纪昀，永瑢. 景印文渊阁四库全书. 台北：台湾商务印书馆，1986：475-476.
④ 徐松. 宋会要辑稿 [M]. 北京：中华书局，1957：6523-6524.

众所喜，生女众所愁。生男走四邻，生女各张口"①。更有甚者认为
"生男则喜，生女则戚，至有不举其女者"②。反映在宋人理想的子女性
别比例上，不论是北宋的开封地区还是南宋的杭州地区，皆是"五男
二女"③，男孩的数目总是在女孩之上，因此生子不举中尤以杀女婴事
件为多。《麈史》载："闽人生子多者，至第四子则率皆不举，为其资产
不足以赡也。也若女则不待三，往往临蓐以器贮水，才产即溺之，谓之
洗儿，建、剑尤甚。"④ 而婺源地区（今江西东北部）盐田民江四"家
世为农，颇饶足。而行迹无赖，与邻豪代名充里役，妻初产得女，怒，
投之盆水中，逾时不死，江痛掐其耳，皆落，如刀刻然"⑤，其行为着
实令人发指。杨时在《寄俞仲宽别纸其一》中也提到："闽之八州，惟
建、剑、汀、邵武之民多计产育子，习之成风。虽士人之间亦为之，恬
不知怪。……富民之家不过二男一女，中下之家，大率一男而已。"⑥
《夷坚志》有一个案例讲述了何师韫的母亲因丈夫去世改嫁董天进的事
例，"董登科，通判饶州，将就蓐，与其夫约：'已有四女，若复然，当
溺诸水。'⑦ 这些材料皆说明，在宋代不但中下阶层会溺杀女婴，甚至
以道德自诩的士大夫阶层亦会溺杀女婴。⑧ 针对溺婴特别是溺女婴的普

---

① 梅尧臣. 梅尧臣集编年校注 [M]. 上海：上海古籍出版社，2006：270.
② 司马光. 书仪 [M] //纪昀，永瑢. 景印文渊阁四库全书. 台北：台湾商务印书馆，
1986：476.
③ 孟元老. 东京梦华笺注 [M]. 北京：中华书局，2007：495.
④ 王得臣. 麈史 [M]. 郑州：大象出版社，2019：203.
⑤ 洪迈. 夷坚志 [M]. 北京：中华书局，2006：1214.
⑥ 杨时. 杨龟山先生集 [M] //中华书局编辑部. 丛书集成新编. 北京：中华书局，
1994：57.
⑦ 洪迈. 夷坚志 [M]. 北京：中华书局，2006：1479.
⑧ 陶晋生、鲍家麟在《北宋的士族妇女》一文中提到北宋士族生育子女数，男多于
女，在 101 个例案中，共有 640 个子女，男女比例达 1.397:1，似乎暗示士族家庭也有杀女
婴现象的情形，不过女孩数目较少也可能是因为在重男轻女的观念下，一般人忽略女婴健康
所致。（陶晋生，鲍家麟. 北宋的士族妇女 [M]. 中国妇女史论集（四集）. 台北：台北稻香
出版社，1995：177.）

遍化，朝廷曾多次颁布诏令禁止该行为，但由于财婚风气的加剧，几纸空文并不能够真正起到实质作用。"福建愚俗，溺子不育，已立禁赏，顽愚村乡，习以为常。邻保亲族皆与之隐，州县勘鞫，告者认妄。究其弊源，盖缘福建路厚其婚丧。"①

其次，溺婴现象又带来了频繁的婚姻交易，使大量的妇女沦为人妾、娼妓。大量溺杀女婴造成了社会男女性别比例的严重失调，这又进一步加剧了婚姻买卖，刺激了两宋财婚风气的蔓延。如溺婴最为严重的福建地区"生男稍多，便不肯举，女则不问可知，村落间至无妇可娶，买于他州"②，"建、邵等州既不举子，贵家富室虽得奴婢，却以高价卖于他州。缘此奸诈之徒诱略泉、福等州无知男女前去货买，遂致父子生离，夫妇中绝，虽遵用敕律，徒流绳配，而利之所在，终不能禁"。③以上材料说明，由于长期溺杀女婴，造成男女两性比例失衡，并带来了一系列的社会问题：一是男女比例的失调，造成大量男子无妻可娶，同时贫困女子也面临着难以婚嫁的困难；二是导致拐卖人口，尤其是拐卖妇女的现象屡屡发生，成为导致社会不安定的因素之一。这些拐卖妇女的人贩子被称为"生口牙"。这些人贩生口，史载："牙人或无图辈，巧设计幸；或以些小钱物，多端弄赚人家妇女，并使女称要妇为妻，或养为子。因而诱引出偏僻人家停藏经日，后使带往逐处展转贩卖，深觅厚利。"④"生牙口"以贩卖妇女谋取钱财，他们的出现进一步加剧了人口买卖等不法活动，严重影响了社会秩序的稳定。

---

① 徐松. 宋会要辑稿 [M]. 北京：中华书局，1957：6523-6524.

② 范成大. 范成大集 [M]. 北京：中华书局，2020：713.

③ 黄淮. 历代名臣奏议 [M] //纪昀，永瑢. 景印文渊阁四库全书. 台北：台湾商务印书馆，1986：304.

④ 梁克家. 三山志 [M] //中华书局编辑部. 宋元方志丛刊. 北京：中华书局，1990：8244.

再次，宋代财婚又引发童婚、早婚现象的盛行。宋代婚姻有两个奇怪的现象，一是财婚风气的流行，致使婚嫁成本增高，男女婚姻失时；二是童婚、早婚现象流行。事实上，童婚、早婚与宋代财婚风气较为普遍也是有很大的关系的，贫困家庭担心男女婚嫁失时，为解除后顾之忧，不少父母便打算早早落实儿女的婚嫁问题。司马光曾发出"盖以世俗早婚之弊不可猝革，又或孤弱，无人可依，故顺人情立此制，使不利于刑耳"① 的劝告。从"世俗早婚之弊不可猝革"等语就能够看出宋代社会早婚习俗十分普遍，引起了一些士人的担忧。袁采也不赞成早婚之俗，他坚定指出，"男女不可幼议婚"：

人之男女，不可于幼小时便议婚姻。大抵女欲得托，男欲得偶，若论目前，悔必在后。盖富贵盛衰，更迭不常；男女之贤否，须年长乃可见。若早议婚姻，事因无变易固为甚善，或昔富而今贫，或昔贵而今贱，或所议之婿流荡不肖，或所议之女狠戾不检，从其前约则难保家，背其前约则为薄义，而争讼由之以兴，可不戒哉！②

司马光也指出婚姻"不可许幼"：

司马温公曰，世俗好于襁褓童稚之时，轻许为婚，亦有指腹为婚者。及其既长，或不肖无赖，或有恶疾，或家贫冻妥，或丧服相仍，或从官远方，遂至弃信负约、连狱致讼者多矣。是以先祖太尉书曰：吾之男女，必俟既长，然后议婚。既通书，不数月必成婚。故终身无此悔，乃子孙所当法也。③

---

① 司马光. 书仪 [M] //纪昀，永瑢. 景印文渊阁四库全书. 台北：台湾商务印书馆，1986：473.

② 袁采. 袁氏世范 [M] //纪昀，永瑢. 景印文渊阁四库全书. 台北：台湾商务印书馆，1986：609.

③ 司马光. 书仪 [M] //纪昀，永瑢. 景印文渊阁四库全书. 台北：台湾商务印书馆，1986：474.

袁采、司马光等人都揭露了童婚、早婚的弊端。男女在幼小时就议婚，不能知道对方的品德，又由于家庭贫富贵贱的变化，导致很多背信弃约的事情发生，争讼也由此兴起。因此，他们纷纷告诫子孙不可过早议亲。此外，宋代还出现了婚姻的另一种病态形式——童养媳。所谓童养媳，是指女儿年幼时就养于女婿家，等年长后再成婚。宋代的史料里记载了最早的童养媳，即"养妇"。晁补之称："民间女幼，许嫁未行而养诸婿氏者，曰'养妇'。"① 据《宋史·杜纮传》载：

民间有女幼许嫁未行，未行而养于婿氏，婿氏杀以诬人，吏当如昏法。纮曰："礼，妇三月而庙见，未庙见而死，则归葬于家，示未成妇也。律，定昏而夫犯，论同凡人。养妇虽非礼律，然未成妇则一也。"②

可见，童养媳（养妇）在与夫订婚，且未真正成礼时，其夫犯罪，童养媳并不受牵连。童养媳在明、清以后的农村中十分常见，而宋代"养妇"可以说是童养媳的最早形态。《名公书判清明集》中就有许多关于童养媳的例子，如"贡士奸污"一案中，何十四纳彭氏之女为"养妇"③；又如"定夺征婚"一案中，吴重五家贫，妻死之时，夫不在家，同姓人吴千一兄弟与之折合，携其幼女阿吴以往，本想以此女为妇，但考虑到同姓不婚，于是将阿吴卖给翁七七为媳④。又如在"官为区处"案中，李介翁与婢郑三娘所生女儿良子，在李介翁去世后，赵三娘改嫁，良子孤女无依，归房长李义达抚养，从幼婚之议，养良子于

---

① 晁补之.济北晁先生鸡肋集［M］//纪昀，永瑢.景印文渊阁四库全书.台北：台湾商务印书馆，1986：988.

② 脱脱.宋史［M］.北京：中华书局，1985：10633.

③ 中国社会科学院历史研究所宋辽金元史研究室.名公书判清明集［M］.北京：中华书局，1987：444.

④ 中国社会科学院历史研究所宋辽金元史研究室.名公书判清明集［M］.北京：中华书局，1987：384.

家①。以上三个案子中的彭氏之女、阿吴、良子都是养妇，都属于童养媳性质。宋代出现具有童养媳性质的养妇绝非偶然，它与宋代的婚姻习俗有莫大的关系。宋代财婚盛行，对贫困人家而言，男方无力筹办聘财，女方也无法置办嫁妆。童养媳性质的养妇，于男方恰好可以节省一大笔聘财，还增添了一个廉价劳动力；于女方，不但解除了置办妆奁的烦劳，还解决了抚养的困难。然而，养妇的命运是悲惨的，虽名为养妇，即家里未来的儿媳，但实同奴婢，常会遭受主人的凌辱和奴役。

最后，宋代财婚的盛行，僭越了传统良贱不婚、士庶不婚的原则，严重影响了封建统治秩序。何坦在《西畴常言》中说："冠昏丧祭，民生日用之礼，不可苟也。"② 在封建社会，冠、婚是社会生活中的一件大事，且遵循一定的礼仪规范，正所谓："古者冠婚丧祭，车服器用，等差分别，莫敢逾僭，故财用易给，而民有恒心。"③ 其中，"等差分别，莫敢僭越，而民有恒心"，是维持封建统秩序的重要手段，正如田锡所奏："既庶而富，然后制度立乎其中，使舆马衣服、婚嫁丧葬，不得僭差。僭差不生，则费用有节。费用有节，则在上者不敢僭侈，在下者不生觊慕。"④ 但宋代在财婚制下，情形却完全不同，"礼制未修，奢靡相尚，卿士大夫之家莫能中礼，而商贩之类或逾王公，礼制不足以检饬人情，名数不足以旌别贵贱，既无定分，则奸诈攘夺，人人求厌其欲而后已，岂有止息者哉？此争乱之道也"⑤。财婚僭越礼制，使原本有序的社会产生混乱，严重影响了封建社会统治秩序。

① 中国社会科学院历史研究所宋辽金元史研究室. 名公书判清明集 [M]. 北京：中华书局，1987：230-232.
② 何坦. 西畴老人常言·止弊 [M]. 郑州：大象出版社，2019：233.
③ 程颢，程颐. 二程集 [M]. 北京：中华书局，2004：454.
④ 田锡. 咸平集 [M]. 成都：巴蜀书社，2008：93.
⑤ 程颢，程颐. 二程集 [M]. 北京：中华书局，2004：454.

第三节 宋代财婚对后世的影响及其历史启示

宋代财婚风气是在婚姻重财的风气中酝酿和发展起来的，财婚的盛行又加剧了婚姻重财的发展，二者互相影响。财婚不仅对宋代社会带来了严重的负面影响，并且对元代、明代、清代乃至民国时期婚嫁取财、买卖婚的习俗都产生深远的影响①。

一、宋代财婚对后世的影响

明清时期，由于市镇商品经济的繁荣，整个社会的奢靡之风较之两宋有增无减，宋代财婚的盛行助长了明清时期婚姻的奢靡之风，使之越演越烈，引发和加剧了一系列社会问题，其中又以各地的溺女婴、童养媳、抢亲之风为害最大，相对较为普遍。

溺女婴现象在宋代就较为普遍，进入明清时期后，此风进一步加剧。清明时期后的许多地方志中都有"生女多不举"的记载，许多家庭都因贫苦而不得已溺杀刚刚出生的婴儿，尤其以女婴为多。除了家庭

---

① 详参：田峰. 近代江南婚嫁论财风及其负面影响 [J]. 福建社会主义学院学报，2001（2）：36-39；宋立中. 婚嫁论财与婚娶离轨：以清代江南为中心 [J]. 社会科学战线，2003（6）：133-137. 这两篇文章都是立足于经济发展较为富庶江的南，文中详细探讨了江南明清时期婚嫁论财风气对社会的影响。田峰分析了明清时期江南婚姻论财的表现形式及给当时社会带来了"溺女之风盛行""早婚现象普遍""抢亲恶习流行"等诸多问题；宋立中则重点介绍了清代江南由于婚姻论财而带来的"瘦马""扛孀""抢婚""冲喜"或"慌亲"等种种婚嫁离轨的现象，并分析了婚嫁离轨对江南社会及妇女的身心影响。此外，王跃生在《18 世纪中国婚姻论财中的买卖性质及其对婚姻的作用》一文中，则立足于档案资料，通过大量个案探讨了 18 世纪中后期婚姻论财中的买卖性质现象以及婚姻对人口的抑制作用。（王跃生. 18 世纪中国婚姻论财中的买卖性质及其对婚姻的作用 [J]. 中国经济史研究，2001（1）：62-81.）以上文章虽没有严格区分明清时期婚姻论财和财婚现象，但是无不受到历史上财婚风气的影响。

贫困因素外，溺女的一个重要原因，还在于高昂的婚姻成本。对于富裕的家庭来说，或许还能够承受财婚带来的经济负担，但对于绝大部分中下层百姓而言，由于无力为女儿置办嫁资，不得已而溺女。"忍绝其天性之亲以为得计，是丰于嫁者之为祸烈也。"① 清明时期各地的溺女之风的普及，与财婚风气有很大的关系。如湖南醴陵地区，"近时婚娶，浮靡颇甚。遣嫁者夸饰装奁，娶妇者侈陈肴馔……故中下之户，动以生女难育，溺女之惨，率多由此潜移默化"②。江苏地区，贫家有生女的，人多厌之，"率行溺毙"。③ 浙江龙游地区也有类似"嫁则丰于妆奁，即富室惟艰，以故俗多溺女，有三举者，人争啧啧"的感叹。④ 同样，在浙江萧山地区也有"贪者较妆奁，故有生女不举者"的记载⑤。而位于西部的四川地区，也存在溺杀女婴的问题，"若陪嫁奁具，前从省约，今则夸多斗靡，好事铺张"，如果女方的妆奁不丰厚，往往被夫家所厌薄、妯娌奚落，并使得婆媳关系恶化。因此那些家境贫困的人，只能"动色相戒，甚至溺女"⑥。由此可见当时社会溺婴现象的严重程度，一些地方甚至"十室而九溺女"⑦，可谓"溺女成风"⑧。这种现象不仅出现在贫困之家，即使部分富庶的中上之家也同样有溺女的行为。其原因主要是明清时期社会中富裕的家庭轻聘财、重陪嫁，聘金通常不过百元，而"妆奁则甚丰厚，往往有逾数百金或数千金者"⑨，"富裕家庭嫁

① 李澐等修. 阳江县志［M］. 道光二年（1822）刻本.
② 徐淦等修. 醴陵县志［M］. 同治九年（1870）刻本.
③ 叶世熊纂. 蒸里志略［M］. 宣统二年（1910）铅印本.
④ 徐绍宋纂. 龙游县志［M］. 民国十四年（1925）铅印本.
⑤ 刘俨修. 萧山县志［M］. 康熙三十二年（1693）刻本.
⑥ 王铭新等修. 眉山县志［M］. 民国十二年（1923）铅印本.
⑦ 诸自谷. 义乌县志［M］. 嘉庆七年（1802）刻本.
⑧ 孙瑞征，胡鸿泽. 龙南县志［M］. 光绪二年（1876）刻本.
⑨ 佚名. 安达县志［M］//丁世良，赵放. 中国地方志民俗资料汇编（中南卷）. 北京：北京图书馆出版社，1991：460.

女的妆奁往往是普通人家的数倍、数十倍"①，故有"上等之家贴钱嫁女，中等之家将女嫁女"之说。《成安县志》中记载，甚至不少富裕家庭"因嫁一女竟至败产倾家，一蹶而不可复振"。在此情形下，富庶之家溺杀女婴便不足为怪了。

除了溺杀女婴外，明清时期童养媳现象也大肆盛行起来，童养媳婚姻在清代已是一种流行面广且经常可见的婚姻形式②，而财婚是造成童养媳流行的重要因素之一。前文提到，童养媳在宋代即已经出现，在当时被称为"养妇"，是一种畸形的婚姻形式，往往是指女孩在年少时就被未来的婆家领养，待其成人后再与丈夫"圆房"，正式结为夫妻。而童养媳的产生，固然与男方家庭缺少劳动力，男方父母希望儿子早日娶妻有关，但对女方家庭而言，童养媳可以节省其抚养女儿的费用，减轻家庭的负担，同时还可以免去女儿嫁资等。因此，许多家庭在婚姻重财的社会风气下，与其担心女儿长大后由于无妆奁而导致婚嫁愆期，不如及早将女儿送出去做童养媳，既能减轻家庭的抚养费用，又能省去准备嫁妆所需的花费。正是基于上述的社会心理，童养媳在明清时期的社会中极为常见。如河南渑池地区，"至无力不能完娶，或女家贫不能嫁女出阁者，欲送于夫家，曰'童养'"③。而《宁远县志》记载，湖南宁远地区在财婚的影响下，当地人"生女者每出钱与人令抱作妇，谓之'童养媳妇'，尚无溺女之患"。《上林县志》记载，广西上林一带童养媳多源于贫穷之家，或者父母死亡无人抚养的孤女，男家只需支付二三十元便可将其聘回家作妇。江西德兴的童养媳情况是"贫无力者，每

① 毛立平. 清代嫁妆研究［M］. 北京：中国人民大学出版社，2007：267.
② 郭松义. 伦理与生活：清代的婚姻关系［M］. 北京：商务印书馆，2000：251.
③ 甘扬声. 渑池县志［M］//丁世良，赵放. 中国地方志民俗资料汇编（中南卷）. 北京：北京图书馆出版社，1991：278.

多保养，勿计厚奁，薄而可以嫁之"。《乐山县志》中记载，位于我国西部的四川乐山地区在封建时期"农家利童婚"的现象也较为常见。正因为童养媳的存在，各地的溺女之风"不戢而自止矣"。童养媳虽然一定程度上能够缓解当地的溺女之风，如前文所述的湖南宁远、江西德兴等地"尚无溺女之患""溺女之风不戢而自止"，但总体而言，童养媳现象对当时的社会及妇女的身心都带来了极大的负面影响，它是社会生产力低下的一个重要体现。而童养媳自身的生活状况也是十分悲惨的，虽然其名义上是儿媳、妻子，实则与奴婢并无区别，不仅要从事繁重的体力劳动，还可能遭遇婆家人的凌辱，故民间有"有男不当丁汉，有女不做童养媳"之说。

抢亲或称抢婚，是古代少数民族地区较为常见的社会现象。"苗人娶妻，皆用武力得之，其结婚甚早"[1]，而蒙古族、藏族等也有抢婚的习俗。但是明清时期的汉族，尤其是江南地区的汉族抢亲习俗已不是出于民族习俗，而是在当时财婚风气的影响下，富庶之家，穷奢极欲，婚嫁索重聘，求厚奁，整个社会竞相效尤。中下层贫民在"贫不能婚"的情况下，产生的一种非常态的婚姻形式。《乌青镇志》中记载，浙江乌青镇有"男子订婚，无力迎娶，赴女家抢新娘遂行结婚礼者，曰'抢亲'"。也有女家苛索重聘，男方无力应对，不得已出此下策，竹枝词所描述的"女家索聘备妆奁，苛责男家礼不添。逼到抢亲生恶计，百年两姓好成嫌"[2] 就是该现象的真实反映。明清时期的抢亲现象不仅仅是男方单方面的行为，在女家缺乏嫁妆的情景下往往也会提出抢亲。如绍兴人张阿福，自幼与王氏定亲，由于家庭贫困，张阿福虽年过三十

---

① 徐珂. 清稗类钞 [M]. 北京：中华书局，1984：2014.
② 张智. 中国风土志丛刊 [M]. 扬州：广陵书局，2003：28.

仍未能娶，王氏也到了二十七岁，其母十分着急，多次托媒人催促张阿福成婚，鉴于张的贫困，王氏就与媒人商议："彼无婚费，我亦无嫁资，无已，其抢婚乎？"并约好了抢亲的日期，后张阿福果然纠集一帮人来抢亲，并与王氏成亲①。此类女家主动要求抢婚的例子虽不多，但是确有个别"抢婚"在女家默认的前提下进行的。当男方家贫，无法准备丰厚的聘财时，女家只能找个借口半推半就。据《吴川县志》记载，贫困之家"嫁娶惜费，托为女病，其婿延巫列炬吹角，黉夜至女家，负女以归，名曰'抢亲'"。

可见，明清时期财婚风气是宋代财婚的延续，并由此引发和加剧了明清时期溺女、童养媳、抢亲等一系列社会问题。在奢侈之风和财婚的风气之下，这些问题相互作用、相互影响，财婚导致婚姻成本增加，使许多家庭由于无力承担高额的婚嫁成本，不得不采取溺杀女婴、养送童养、抢亲等措施，而溺女婴等行为又导致了男女性别失衡，反过来又加剧了童养媳、抢亲现象的泛滥，给当时社会造成了严重的后果。

综上所述，宋代婚姻"不问阀阅，直取资财"不仅是一场婚姻变革，更是一场社会变革，是唐宋变革论在婚姻领域内的反映和体现，这一社会现象，无论是对当时社会还是后世，都产生了深远的影响。

二、宋代财婚现象的历史启示

宋代财婚现象的盛行和普及，虽然对儒家思想产生了冲击，但儒家思想的核心观念却在一直延续和发展。过去各朝各代的统治者在发布关于禁止财婚的诏书律令中，其开篇会不约而同地宣扬"婚姻者，人道

---

① 徐珂. 清稗类钞［M］. 北京：中华书局，1984：2099.

之始。是以夫妇之义，三纲之首，礼之重者，莫过于斯"①，以及"男女居室，人之大伦"② 等观念，并不厌其烦地申明婚姻在社会中所起到的意义与作用，以及禁止财婚对社会风俗的积极影响。虽然历代统治者禁止财婚的出发点与目的各有不同，但是其打出的"旗帜"却是异常的统一。这提醒着学者对于思想考察不仅仅要观察其"变"的一面，也不能忽视其"常"的一面。

从社会史的角度观察，不同择偶观的背后都在努力追求着相同的目的——婚姻和谐。中国历史上大一统的观念是贯通我国传统政治和思想的核心观念。阎步克先生认为，这是因为中国的历史有着一个"主轴"，但这仅仅是历史的"变态"，中国的历史在经过这些波动之后，仍然会回归到该"主轴"，这是秦汉一统所带来的政治遗产③。这种政治史上的"主轴"，在社会史，或更具体的婚姻观、择偶观上有所体现。古人曾有各种不同的择偶观，袁采认为：

有男虽欲择妇，有女虽欲择婿，又须自量我家子女如何。如我子愚凝庸下，若娶美妇，岂特不和，或有他事。如我女丑拙很（狠）妒，若嫁美婿，万一不和，卒为其弃出者有之。凡嫁娶因非偶而不和者，父母不审之罪也。④

其思维的出发点并非是出于男女的人物不相当，而是担心不相当造成"不和"的婚姻。抑或"男婚低户，女嫁高门"，追求"男官女德"的理念，也是想要通过男女在婚姻中不同的地位，来维系婚姻、家族的

---

① 魏收. 魏书 [M]. 北京：中华书局，1974：122.
② 方龄贵校注. 通制条格校注 [M]. 北京：中华书局，2001：143.
③ 阎步克. 波峰与波谷 [M]. 北京：北京大学出版社，2017：5-15.
④ 袁采. 袁氏世范 [M] //纪昀，永瑢. 景印文渊阁四库全书. 台北：台湾商务印书馆，1986：609.

和谐，尽管时间、地域、阶层、身份、个人的观念有所不同，即不同历史时期，婚姻生态的表现形式各有不同，但婚姻对于社会重要性的认识，以及追求和谐的婚姻关系，却一直是中国传统社会婚姻观念的主轴，而历史上各不相同婚姻观念和婚姻现象波动的表面之下也一直围绕着这一主轴。这一主轴正是受传统社会中占据主导地位的儒家理念所提倡与形成的。这一婚姻主轴在今天仍然熠熠生辉，值得今人借鉴。

从当下社会现实层面而言，近年来，作为婚姻重要组成部分的彩礼，其价格不断攀升，"天价彩礼"成为农村地区普遍存在的社会问题，造成很多适婚青年不得不推迟婚龄，甚至恐婚、不婚，还有部分家庭因"天价彩礼"而"因婚致贫、返贫"①。"天价彩礼"是中国社会经济发展新涌现的民生问题，是婚姻缔结与人口再生产的又一抑制性因素，关系着人民的幸福、国家的人口数量和社会的可持续发展，与乡村振兴战略中"生活富裕""乡风文明"的总要求相悖，已引起国家、全社会的广泛关注。党的二十大报告指出要"着力推动高质量发展，全面推进乡村振兴"，乡村要振兴，彩礼治理则是题中应有之义。乡村"天价彩礼"及社会上的唯财是嫁（娶）的婚姻观其实根植于中国传统社会中的财婚现象，故本书对宋代财婚现象的研究或能对当今重财的婚姻生态或许有所警示，为相关职能部门在治理"天价彩礼"时提供一定的历史启示。

---

① 胡现岗. 农村天价彩礼的现状、原因及影响分析：基于南村生活经历与调查 [J]. 农村经济与科技, 2018 (1): 139-140; 靳小怡, 段朱清. 透视"天价彩礼"：现状、成因与治理 [J]. 山东女子学院学报, 2023 (1): 37-49.

结语

本书以宋代财婚与宋代社会婚俗的变迁为切入点，阐述了宋代财婚产生的历史渊源与宋代社会环境的变化、财婚的一般形态、财婚的特殊形式、宋代各方对财婚的社会因应以及财婚的特点、影响和历史启示五个方面。通过上述内容的分析，不难发现宋代财婚的盛行固然与宋代门阀制度的全面衰落和门第观念的淡薄有关，但更主要的是因为宋代商品经济高度发展引发的社会观念的转变，因此，宋代的财婚既是一场婚姻的变革，也是宋代社会变革的重要体现，对后世乃至如今的婚姻观影响深远。

首先，宋代财婚取代门第婚，无疑是婚姻领域的一场变革。从隋唐时期的"家之婚姻必由谱系"到宋代婚姻"不问阀阅，直取资财"，这是宋代婚姻变化的一个显著的特点。与前朝相比较，特别是与魏晋和隋唐时期相比，就民间而言，前朝通常"男女婚嫁，不杂他姓"①，而宋代"娶其妻，不顾门户，直求资财"；就官僚而言，前朝"家之婚姻必

---

① 薛居正. 旧五代史［M］//方闻一. 钦定四库全书荟要. 长春：吉林出版社，2005：158.

由谱系"，门阀旧族"恃其族望，耻于他姓为婚"①，而宋代"男女婚嫁，必择富民"②，先朝的门阀望族"绝无闻人"③；就士人而言，前朝婚姻"慕山东著姓"④，"好求山东婚姻"⑤，而宋代进士登科"娶妻论财，全乖礼义"；⑥ 就宗室贵族而言，前朝"取门阀者配焉"⑦，"诸尚（公）主者并因世胄，不必皆有才能"⑧，而宋代宗室婚姻"明立要约，有同鬻卖"⑨，以致"宗女卖婚民间"。凡此种种，均表明财婚风气在宋代愈来愈流行，上至宗室贵族、官僚士人，下至普通百姓乃至娼妓杂类等，莫不竞相追崇，财婚已经成为宋代婚姻中的一种普遍现象。正如时人韩维所叹息："婚娶之法，自朝廷以及民庶，荡然无制，故风俗流靡，犯礼者众。"⑩ 因此，在婚姻领域，择偶标准从"尚阀阅"到"尚财"的变化，是宋代婚姻的一大特色，是中国封建婚姻制度史上的一次变革。

其次，宋代财婚的流行同时也是社会变革的重要体现。唐宋之际是中国封建社会变革的过渡时期，20 世纪最早由内藤湖南等人提出的唐宋变革论基本得到了史学界的认可，它具体体现在政治、经济、社会组

① 刘𫗧. 隋唐嘉话（中）［M］. 明顾氏文房小说本.

② 叶绍翁. 四朝闻见录［M］//上海古籍出版社. 宋元笔记小说大观. 上海：上海古籍出版社，2001：4966.

③ 王明清. 挥麈录［M］//上海古籍出版社. 宋元笔记小说大观. 上海：上海古籍出版社，2001：3587.

④ 刘昫. 旧唐书［M］. 北京：中华书局，1975：2921.

⑤ 李肇. 唐国史补［M］//纪昀，永瑢. 景印文渊阁四库全书. 台北：台湾商务印书馆，1986：421.

⑥ 吕祖谦. 宋文鉴［M］. 北京：中华书局，1992：905.

⑦ 欧阳修，宋祈. 新唐书［M］. 北京：中华书局，1975：103.

⑧ 李延寿. 南史［M］//纪昀，永瑢. 景印文渊阁四库全书. 台北：台湾商务印书馆，1986：437.

⑨ 李焘. 续资治通鉴长编［M］. 北京：中华书局，2004：6627.

⑩ 吕祖谦. 宋文鉴［M］. 北京：中华书局，1992：791.

织和阶级的构成、文化特征和价值观念、国际关系等各个方面的巨大变化，史学家钱穆先生也认为，论中国古今社会之变，最要在宋代。就宋代而言，政治经济、社会人生，较之前代，莫不有变。因此，这种变化也体现在婚姻领域，宋代财婚取代门第婚，正是唐宋社会变革在婚姻领域的反映。它一方面在宋代社会变革的大背景中悄然而生，另一方面又对宋代社会的大变革起了推波助澜的作用。张邦炜曾指出了婚姻与社会发展的关系，婚姻与社会生活的其他方面，不是简单的线性因果关系，而是一张相互贯通，相互牵制的网络。婚姻既对社会生活的各个方面起制约作用，又受社会风尚所影响，为政治制度所制约，并最终地被经济结构所决定①。进入宋代，政治、经济、文化、思想观念等发生了一系列变化，其反映在婚姻领域体现为择偶标准的改变，即婚姻商品化、市场化。美国学者伊沛霞（Patricia Buckley Ebrey）指出，城市化、增长中的繁荣经济、士人阶层的扩大等都刺激了对下层妇女为上层人士提供服务的需求，如当婢女、妾和妓女，这一市场的发展使有关女性魅力的标准和男女关系发生了微妙的变化②。宋代财婚现象是在宋代社会变革的大环境中发展而来的，然而伴随着财婚风气的愈演愈烈，又反作用于宋代社会的其他方面。财婚风气的盛行不仅改变了人们的婚嫁观与价值观，财婚带来的一系列社会问题还威胁着社会的稳定，严重影响了封建国家的统治秩序。正如摩尔根所说，婚姻是社会制度的产物，它将反映社会制度的发展情况③。

最后，宋代财婚对后世产生了深远的影响，对今天的现实社会有着

① 张邦炜. 婚姻与社会（宋代）［M］. 成都：四川人民出版社，1989：3.

② 伊沛霞. 内闱：宋代的婚姻和妇女生活［M］. 胡志宏，译. 南京：江苏人民出版社，2004：20.

③ 中共中央马克思恩格斯列宁斯大林著作编译局. 马克思恩格斯选集（第4卷）［M］. 北京：人民出版社，1972：79.

重要的警示意义。宋代财婚的流弊一直延续到明清时期乃至民国时期，并对当时社会造成了很大影响。事实上，财婚问题不仅仅是一个历史问题，也是一个现实问题。俄国著名作家列夫·托尔斯泰说过："历史学的目的就是使各民族和人类认识自己。"① 近些年，农村"天价彩礼"现象引起政府和社会各界的高度关注，也成为乡村振兴的重要绊脚石，乡村中的"天价彩礼"现象以及部分青年"唯财是嫁（娶）"的婚姻观念来源于中国传统婚姻中的财婚风俗。在部分青年男女中流行着这样一种择偶观念，女孩们追求"高富帅"，男孩们则要求"白富美"，无不围绕着一个"富"字。年轻人谈婚论嫁先问车子房子，无房无车则婚嫁免谈，以至于出现了许多"剩男剩女"，一些网站甚至出现了"中国十大城市结婚成本排行榜"。当然，导致这些现象及结婚成本增加的原因是多方面，与当今的经济、文化、人们的生活观、人们的生存压力等社会生态都有关系。此外，当下社会又面临着离婚率逐年增高的问题，社会中出现了许多"闪婚""闪离"现象。历史上的财婚问题以及当下社会中的财婚现象，是一个非常值得研究和思考的问题，历史学者及社会学者应当引起重视。

---

① 列夫·托尔斯泰. 战争与和平（第4册）[M]. 董秋斯，译. 北京：人民文学出版社，1958：1993.

附表1 宋代财婚的一般形态
   事例

类型	交易双方	具体内容	文献出处
宗室卖婚	宗室与富商	京师富户与宗室联姻，"今京师富人尚求妾媵，岂有天子嫔御，外臣敢以为言？官家亟逐言者，则清净矣"	邵伯温：《邵氏闻见录》卷2，中华书局1983年版，第12页
		商人王永年"娶宗室女，得右班殿直，监汝州税"	魏泰：《东轩笔录》卷7，中华书局1983年版，第77页
		苏州商冲一家"弟侄数人，结姻于帝族，……因缘得至显官者甚众"	龚明之：《中吴纪闻》卷6《朱氏盛衰》，上海古籍出版社1987年版，第146页
		商人为取得政治庇护，"宗室租免女听编民通婚，皆予官，民争市婚（宗室）为官户"	晁补之：《鸡肋集》卷62《朝散郎充集贤殿修撰提举西京嵩山崇福宫杜公行状》，《全宋文》第127册，上海辞书出版社2006年版，第58页
		县主被公开商品化，价格为"每五千贯买一个"，开封城内，一位号"帽子田家"的商人就公开置卖县主，一买再买，家里共有十位县主。"前日乃往问帽子田家，见说是家凡十县主，每五千贯买一个。"	李焘：《续资治通鉴长编》卷472哲宗元祐七年四月戊午，中华书局2004年版，第11 264页

类型	交易双方	具体内容	文献出处
	宗室与富商	"近亲号郡主、县主，而婿俗呼郡马、县马，甚无义理。近世宗女既多，宗正立官媒数十人，掌议婚。初不限阀阅，富家多赂宗室求婚，苟求一官，以庇门户，后相引为亲。京师富人如大桶张家，至有三十余县主。"	朱彧：《萍洲可谈》卷1《富家赂宗室求婚》，"宋元笔记小说大观"本，上海古籍出版社2001年版，第2 290页
		"元祐间，广州番坊刘姓人娶宗女，官至左班殿直。刘死，宗女无子，其家争分财产，遣人过登闻院鼓。朝廷方悟宗女嫁夷部，因禁止，三代须一代有官，乃得取宗女。"	朱彧：《萍洲可谈》卷2《番坊人娶宗女》，"宋元笔记小说大观"本，上海古籍出版社2001年版，第2 315页
		熙宁年间宗室嫁女，"皆富家大姓以货取，不复事铨择"	脱脱：《宋史》卷244《宗室一》，中华书局1985年版，第8 677页
		"（熙宁十年）五月二日，权监察御史裹行彭汝砺言：'访闻有罢（赵）宗惠、石有邻婚事，宗惠近属，职在宗正。恩荣备极，宜思所以表正宗室，以对列圣旨休宠，而嗜利苟贱，贻朝廷羞，伏乞特赐贬责，以惩贪冒。'先是，同管勾宗正事宗惠有女嫁徐州进纳人石有邻之子，其母倡也。"	李焘：《续资治通鉴长编》卷284，熙宁十年九月壬子，中华书局2004年版，第6 959页
		"富民与妃嫔家婚姻夤缘得官者"的现象较多	毕沅：《续资治通鉴》卷65，《续修四库全书》本（第344册），上海古籍出版社2002年版，第62页
		"马季良字符之，开封府尉氏人。家本茶商，娶刘美女……再迁兵部郎中。"	脱脱：《宋史》卷463《马季良传》，中华书局1985年版，第13 552页
	宗室通婚"杂类"	彭汝砺上奏神宗皇帝时言，"宗室卖婚至女娼家子，行有日矣"，请求"罢之"，并认为"皇族虽属属已，疏然皆宗庙子孙不可使闾阎下贱得以货取"，希望朝廷"更着婚姻法"	杜大珪：《名臣碑传琬琰集》中卷31．《彭待制汝砺墓志铭》，《景印文渊阁四库全书》本（第450册），台湾商务印书馆1986年版，第454页

类型	交易双方	具体内容	文献出处
进士与富民		宋哲宗绍圣元年八月二十六日,左正言张商英言,"许州阳翟县豪民盖渐,家赀累巨万计,女兄弟三人,有朝士之无耻者利其财,纳其仲谓子妇"	张商英:《乞委不干碍官司推究盖渐案奏》,《全宋文》(第102册),上海辞书出版社2006年版,第127页
		宋时有一淮南人满生,在落魄时娶焦氏,及第后其叔父给满生求娶朱从简大夫次女,"朱女美好,而装奁甚富,生大慊适",满生贪图朱氏权势与妆奁,兼之朱氏美貌,就将结发妻子抛之脑后	洪迈:《夷坚志》补卷11《满少卿》,中华书局2006年版,第1 649-1 651页
		士人张临在乡举前与一娼约为夫妇,中举后却背盟与富室嫠妇结亲	洪迈:《夷坚志》三补《崔春娘》,中华书局2006年版,第1 801页
		景祐年间进士韩元卿先是谎称未娶骗婚,在成亲后富人之女见其故妻仍在,韩元卿则日夜提防新婚妻子,以防其给岳家通信导致其"岁余,悒抑而卒"	张师正:《括异志》卷10《韩元卿》,大象出版社2017年版,第359页
		"黄左之,福州人,为太学生,……王与黄游处颇久,相得益欢,遂约曰:'君若登科,当以息女奉箕帚。'明年,果中选,遂为王婿,得奁具五百万。"	洪迈:《夷坚志》支甲卷7《黄左之》,中华书局2006年版,第767页
		太宗时,丁晋取笑其同年进士白积时称"榜下新婚京国富室岂无半千质物耶?"	文莹:《湘山野录》卷下,"宋元笔记小说大观"本(第2册),上海古籍出版社2001年版,第1 416页
		徽宗时,无锡财主戴氏把女儿嫁给了新科进士李漠,李漠获得戴氏家宅,后官至中大夫直宝文阁	洪迈:《夷坚志(甲志)》卷16《戴氏宅》,中华书局2006年版,第141页
		高宗时,家境贫寒的涂文伯"中举",本郡富豪杜学遣媒妁来,"议欲妻以女",涂文伯"即就其约"	洪迈:《夷坚志·支乙志》卷2《涂文伯》,中华书局2006年版,第810页
		官员批评朱熹:"男女婚嫁,必择富民,以利其奁聘之多;开门授徒,必引富室子弟,以其束修之厚。"	叶绍翁:《四朝闻见录》卷4《庆元党》,中华书局1989年版,第145页

类型	交易双方	具体内容	文献出处
官与民	官员与富商	士人赵希哲早已娶董宗安之女为妻，"获漕试文解，旋该绍熙覃恩出官，初调某主簿，利心忽起，妄以他事离其妻，再娶富室周氏，大获装奁"	洪迈：《夷坚志.三志壬》卷4《赵希哲司法》，中华书局2006年版，第1 482页
		朱熹家中，"男女婚嫁，必择富民，以利其妆奁之多"	叶绍翁：《四朝闻见录》卷4《庆元党》，"宋元笔记小说大观"本（第5册），上海古籍出版社2001年版，第4 966页
		南宋泉州海商王元懋"尝随海舶诣占城国，国王嘉其兼通蕃汉书，延为馆客，仍嫁以女，留十年而归，所蓄奁具百万缗，而贪利之心俞炽。遂主舶船贸易，其富不赀。留丞相、诸葛侍郎皆与其为姻家"，最终，在亲家留丞相、诸葛侍郎的帮助下，王元懋弄到了从义郎之职。	洪迈：《夷坚志.夷坚三志己》卷6《王元懋巨恶》，中华书局2006年版，第1 345页
		"孙祖德字延仲，……祖德少清约，及致仕，娶富人妻，以归其有财。"	脱脱：《宋史》卷299《孙祖德传》，中华书局1985年版，第9 928页
		"南城邓倚初娶临川黄氏女，不及偕老，屡谋再娶，辄不成。……及还乡，故彭藤州端之女以病风为夫所弃，不可归士流，倚兄以半千与之谋章。彭无子，其女尽挟田产改嫁与倚，箱直果满千万。甫数岁，彭氏亡，倚又别娶，终身为富人。"	洪迈：《夷坚志》补卷3《梦得富妻》，中华书局2006年版，第1 806页
		淳熙年间，新安人吴十郎，"初以织草履自给"后由于经商卖油，短短几年，"资业顿起，殆且巨万"。从一个穷人摇身一变为资业巨万的大富豪，正是由于吴十郎经济上的富有，后其长子娶官族女，其家庭也逐步跻身于上流社会。	洪迈：《夷坚志.支癸》卷3，中华书局2006年版，第1 238页
		元祐时，身任集贤校理的李德刍"娶妇论财"。	李焘：《续资治通鉴长编》卷425（元祐四年四月甲子条），中华书局2004年版，第10 289页

类型	交易双方	具体内容	文献出处
官员与富商	魏了翁女守寡后再嫁，先嫁安子文家，"既寡，谋再适人，乡人以其兼二氏之撰，争欲得之，而卒归于朔斋。以故不得者妒之，朔斋以是以多啧言"	周密：《癸辛杂识》别集上《刘朔斋再取》中华书局1988年版，第244页
		"（元丰元年八月丙寅）诏屯田郎中刘宗古放归田里。以京东转运司言宗古规媚妇李财产，与同居，而妄诉理钱财故也。"	李焘：《续资治通鉴长编》卷291，元丰元年八月丙寅，中华书局2004年版，第7 124页
		"嘉定间福建提举司干官叶嗣立娶海盐蔡家寡妇常氏，席卷其家财。"	徐松：《宋会要辑稿》职官75之32，中华书局1957，第4 090页
		薛惟吉寡妻柴氏"尽蓄其祖父金帛，计直三万缗"打算携资改嫁，北宋两位官僚张齐贤与向敏中为争娶薛惟吉寡妻甚至将此事闹到真宗面前。程颐的对此事的评论是："本朝向敏中号有度量，直作相，却与张齐贤争取一妻，为其有十万橐裹故也。"	佚名：《宋史全文》卷5，咸平五年十月，中华书局2016年，第214页
官员因财委身为赘婿		而哲宗时期王蘧则更不顾惜名声，因贪媚妇财产选择"屈身为赘婿"，被言官弹劾："蘧之为人，尤为污下。常州江阴县有媚妇，家富于财，不止巨万，蘧利高赀，屈身为赘婿，贪污至此，素为士论所薄。"	李焘：《续资治通鉴长编》卷471，元祐七年三月丁酉，中华书局2004年版，第11 247页
		"横塘人褚生以右科官与贾巨川涉有旧，初任扬州一县令，褚生本是有妻之人，但因贪图钱财，又赘于一宗姓之家，成婚之后，便挟其资而逃。"	周密：《癸辛杂识》后集《方珠》，中华书局1988年版，第108页

类型	交易双方	具体内容	文献出处
为财骗婚杀妻		"陈叔文,京师人也。专经登第,调选铨衡,授常州宜兴簿。家至窘窭,无数日之用,不能之官。然叔文风骨秀美,但多郁结,时在娼妓崔兰英家闲坐。叔文言及已有所授,家贫未能之官。兰英谓叔文曰:'我虽与子无故,我于囊中可余千缗,久欲适人,子若无妻,即我将嫁子也。'叔文曰:'吾未娶,若然,则美事。'一约即定,叔文归欺其妻曰:'贫无道途费,势不可共往,吾且一身赴官,时以奉钱阙尔。'妻诺其说。叔文与兰英泛汴东下,叔文与英颇相得,叔文时以物遗妻。后三年替回,舟溯汴而进。叔文私念:英囊箧不下千缗,而有德于我,然不知我有妻,妻不知有彼,两不相知,归而相见,不惟不可,当其狱讼。叔文日夜思计,以图其便,思惟无方,若不杀之,乃为后患。遂与英痛饮大醉,一更后,推英于水,便并女奴推堕焉。叔文号泣曰:'吾妻误堕汴水,女奴救之并堕水。'以时昏黑,汴水如箭,舟人沿岸救捞,莫之见也。"	刘斧:《青琐高议》后集卷4《陈叔文》"宋元笔记小说大观"本(第1册),上海古籍出版社2001年版,第1 111页
		士人杨孜把倾尽财产资助自己应举的倡女毒死	张师正:《倦游杂录》,"宋元笔记小说大观"本(第3册),上海古籍出版社2001年版,第760页
		解普为谋妓女李云娘资财,答应娶其为妻,后推李云娘落水	刘斧:《青琐高议》后集卷4,"宋元笔记小说大观"本(第1册),上海古籍出版社2001年版,第1 111页

类型	交易双方	具体内容	文献出处
其他形式	因财婚而获利的其他中间人	辛有仪某朋友家饶于财，只有一女，辛将其女介绍给阮逸善，双方约定"其家房缗二千，当为营之，苟成，以一千谢我"	王巩：《甲申杂记》，大象出版社 2006 年版，第 41 页
		种瓜的张老年已八十，却看上了韦谏议十八岁的女儿，差两媒婆去说媒，韦谏议要求"十万贯见钱为定礼，并要一包小钱，不要金银钱准折"。后张老果真送来了十万贯聘财，遂抱得美人归	程毅中：《种瓜张老》，《宋元话本小说家话本集》，齐鲁书社 2000 年版，第 229 页
民与民的财婚		长安地区："民去本就末，列侯贵人车服僭上，众庶仿效，羞不相及，嫁娶尤崇侈靡。"	宋敏求：《长安志》，"宋元方志丛刊"本，中华书局 1990 年版，第 77 页
		江苏地区："顾其民，崇栋宇，丰庖厨，嫁娶丧葬，奢厚无度。"	朱长文：《吴郡图经度记》，"宋元方志丛刊"本，中华书局 1990 年版，第 644 页
		浙江永嘉地区婚嫁被形容为"嫁娶丧葬，大抵无度，坐是至贫窭不悔"	林季仲：《竹轩杂著》卷 6《朱府君墓志铭》，《景印文渊阁四库全书》本（第 1 140 册），台湾商务印书馆 1986 年版，第 14 页
		福建地区为聘财资装，"嫁女争讼无虚日"，此类案件"日不下数人"	王得臣：《麈史》卷下《风俗》，大象出版社 2019 年版，第 250 页
		位于西部的四川地区"巴人娶妇，必责财于女氏"，至有贫女到老也不得嫁者	程颢、程颐：《二程集》，中华书局，2004 年，第 504 页
		少数民族地区"洞宫之家，婚嫁以粗豪汰侈相高，聘送礼仪，多至千担，少亦半之"	马端临：《文献通考》卷 334，中华书局 2011 年版，第 9 085 页
		湖北地区有习俗"计利而尚鬼，家贫子壮则出赘，习为当然"	脱脱：《宋史》卷 437《刘清之传》，中华书局 1985 年版，第 12 953 页
		川、陕地区："富人多招赘婿，与所生子齿，富人死，即分其财，故贫人多舍亲而出赘"	李焘：《续资治通鉴长编》卷 31，淳化元年九月戊寅条，中华书局 2004 年版，第 705 页

类型	交易双方	具体内容	文献出处
		漳州地区："婚嫁丧祭民务浮侈，殊不依仿礼制。娶妇之家，必大集里邻亲戚多至数百人，椎牛行酒，仍分缣帛钱银，然后以为成礼。女之嫁也，以妆奁厚薄，外人不得见，必有随车钱，大率多者千缗，少者不下数百贯。倘不如此，则乡邻讪笑，而男女皆怀不满……富者以豪侈相高，贫者耻其不逮，往往贸易举贷以办。若力有不及，宁姑置而不为，故男女有过时而不得嫁娶，亲丧有终制而不得葬埋者。"	廖刚：《高峰文集》卷5《漳州到任条具民间利害五事奏状》，《景印文渊阁四库全书》本（第1142册），台湾商务印书馆1986年版，第364页
		隆兴二年九月十九日，权发遣昌化军李康臣言，"窃见二广婚姻丧葬习为华侈，夸竞相胜，有害风俗。"	徐松：《宋会要辑稿》刑法2之157，中华书局1957年，第6574页
		宋人万延之的儿子以将近二万缗为聘娶王晋卿家女	何薳、张明华：《春渚纪闻》卷2《瓦缶冰花》，中华书局1983年，第24页
僧道娶妻		广南地区的商人多是和尚，且家境富裕，一些人家便选择将女儿嫁给和尚。时人作诗描述僧侣娶妻的风俗："行尽人间四百州，只应此地最风流。夜来花烛开新燕，迎得王郎不裹头！"	李焘：《续资治通鉴长编》卷471元祐七年三月丁酉，中华书局2004年版，第11247页
		北宋汴京大相国寺的僧人娶妻，曰"梵嫂"。寺中有一僧人澄晖"以艳娼为妻"，自谓："没头发浪子，有房如来，快活风流，光前艳后。"	陶谷：《清异录》卷上《梵嫂》，"宋元笔记小说大观"本，上海古籍出版社2001年，第28页
		广南地区："广南风俗，市井坐估，多僧人为之，率皆致富，例有室家，故其妇女多嫁于僧……"	庄绰：《鸡肋编》卷中，"宋元笔记小说大观"本（第4册），上海古籍出版社2001年版，第4024页
		"广中僧有室家者，谓之火宅僧。"	陶宗仪：《辍耕录》卷7，"宋元笔记小说大观"本，上海古籍出版社2001年版，第6219页

附表2 宋代财婚中的特殊形态
——买卖婚事例

类型	买/卖者身份	具体情况	史料来源
卖妻为妾	买者：权相贾似道之父 卖者：平民	一个涉及宋代权相贾似道父亲的故事，"贾涉济川制置少日，舟过龟溪，见妇人浣衣，偶盼之，因至其家。问：'夫何在？'曰：'未归。'语稍洽，调之曰：'肯相从乎？'欣然惟命。及夫还，叩之，无难色，遂携以归。既而生似道。未几出嫁为民妻。"	丁传靖：《宋人轶事汇编》卷18，中华书局2003年版，第1 006页
卖妻	卖者：修职郎郭守义	"夫为修职郎郭守义，部使者挟私，劾以败官。"	刘宗周：《人谱类记卷5·记警畜婢》，《景印文渊阁四库全书》本（第717册），台湾商务印书1986版，第232页
卖妻为人妾	卖者：军大将	"部米运失舟，家资尽没犹不足，又卖妻以偿。"	邵伯温：《邵氏闻见录》卷11，中华书局1983年版，第121页

类型	买/卖者身份	具体情况	史料来源
卖女	卖者：雅州掾官 买者：官员时邦美	"既到蜀输纳讫，召一侩……侩俄携一女至，甚端丽……女悲泣不已，曰：'妾乃京都人，父为雅州掾，卒于官，母子扶丧柩至此，无资，故鬻妾以办装。'"	刘斧：《青琐高议》后集卷2《时邦美》，"宋元笔记小说大观"本（第1册），上海古籍出版社2001年版，第1 100—1 101页
卖女	卖者：官员 买者：士人冯京	"冯京，字当世，鄂州咸宁人。其父商也，壮岁无子。将如京师，其妻授以白金数笏曰：'君未有子，可以此为买妾之资。'及至京师，买一妾，立券偿钱矣。问妾所来，涕泣不肯言，固问之，乃言其父有官，因纲运欠折，鬻妾以为赔偿之计。遂恻然不忍犯，遣还其父，不索其钱。及归，妻问买妾安在，具告以故。妻曰：'君用心如此，何患无子！'"	罗大经：《鹤林玉露》乙编卷4《冯三元》"宋元笔记小说大观"本（第5册）.上海古籍出版社2001年版，第5 284页
卖女	卖者：官员女 买者：马魁巨济之父	"父守官某所，既解官，不幸物故，不获归葬乡里，母乃见鬻。"	何薳、张明华：《春渚纪闻》卷1《马魁二梦证应》，中华书局1983年版，第6页
卖女	卖者：士族女 买着：四川宣抚使吴某	"先父以告，公曰：'四川吴宣抚尝遣属官来议军事，某饭之，彼惊讶某之冷落，归言于吴宣抚。吴乃以二千缗买一士族女，遣两使臣妻送来。'"	岳珂：《鄂国金佗粹编续编校注》卷27《百氏昭忠录》，中华书局1989年，第1 590页
卖女	卖者：故赵知府女 买者：袁绍父，官通判	"赵知府女，父殁家贫，卖女以为归葬计耳。"	脱脱：《宋史》卷415《袁韶传》，中华书局1985年版，第12 452页

类型	买/卖者身份	具体情况	史料来源
卖女	卖者：士族女	"士族女，家贫母病，父为牙侩所欺，鬻之于倡家。"	洵程：《滕府君行状》，《全宋文》（第259册），上海辞书出版社2006年版，第245页
卖女	卖者：官员女	神宗时期，职方郎中胡收知兴元府，"家贫无力之任"，将两个女儿卖为婢，才得钱上任	魏泰：《东轩笔录》卷5，中华书局1983年版，第56页
卖女	卖者：士族女 买者：士人 官员	陈规为女买婢，得一妇人"甚闲雅，怪而询之，乃云梦张贡士女也，乱离夫死无所托，鬻身求活"	脱脱：《宋史》卷377《陈规传》，中华书局1985年版，第11 645页
卖妻	买者：士人	荆南女子国香因"荆楚岁饥，贫不能自存，其夫鬻之于田氏为侍儿"	洪迈：《夷坚志》丙志卷18《国香诗》，中华书局2006年版，第518页
买妾	买者：郑某（郑公肃右丞雍侄）	京东饥荒时期，郑某在流民中买一妾	洪迈：《夷坚志》甲志卷13《妇人三重齿》，中华书局2006年版，第115页
买妾	买者：王志行，官员	绍兴丙辰岁，蜀地发生饥荒，王志行"买妾于流民中"	洪迈：《夷坚志》丙志卷2《罗赤脚》，中华书局2006年版，第375页
买妾	买者：郑畯（宝文阁待制闳中之子）	郑畯曾答应其妻王氏，其死后不再取，王氏死后，"郑买妾以居"，不久，京师有滕氏女，郑畯见其美貌，"乃背约纳币"娶之	洪迈：《夷坚志》甲志卷16《郑畯妻》，中华书局2006年版，第143页

类型	买/卖者身份	具体情况	史料来源
买妾	买者：段宰	"段宰者，居婺州浦江县僧舍。其妻尝观于门，有妇人行丐，年甚壮。询其姓氏始末。自云无夫，亦无姻戚。段妻云：'既如是，胡不为人妾而乞食？肯从我乎？'曰：'非不欲也，但人以其贫贱，不肯纳耳。若得供执爨之役，实为天幸。'遂呼入，令沐浴，与更衣，遣庖者教以饮膳，旬日而能。继以乐府训之，不逾月皆尽善。调习既久，容色殊可观。段名之曰'莺莺'，以为侧室。"	洪迈：《夷坚志》甲志卷3《段宰妾》，中华书局2006年版，第22页
卖女为妾	买者：蒋教授（信州教授）卖者：从军二十年的老叟	叟曰："从军二十年，方得自便，不幸遇盗，挈我告身去。将往吏部料理，非五十万钱不可办。甚爱此女，今割爱鬻之。"	洪迈：《夷坚志》乙志卷2《蒋教授》，中华书局2006年版，第195页
买妾	买者：窦公迈	"徐州人窦公迈，靖康中买一妾，滑人也。妾家因遭遇兵乱，举家伤亡。"	洪迈：《夷坚志》乙志卷3《窦氏妾父》，中华书局2006年版，第205页
买妾	买者：扈司户（司户）	"洪州分宁王氏婿扈司户，自京师买一妾，甚美，携归，置于妻家。"	洪迈：《夷坚志》乙志卷5《扈司户妾》，中华书局2006年版，第226页
买妾	买者：林氏（富翁）	"锺妇翁林氏，富人也，用千缗买美妾。"	洪迈：《夷坚志》乙志卷16《张抚干》，中华书局2006年版，第322页
买妾	买者：姚宏	"会稽姚宏买一妾，善女工庖厨，且有姿色，又慧黠谨伤。"	洪迈：《夷坚志》乙志卷16《姚氏妾》，中华书局2006年版，第324页

类型	买/卖者身份	具体情况	史料来源
卖妻为他人妾	买者:费录曹(录事参军)	"妾本汉州段家女,许适同郡唐氏。将嫁矣,而唐氏以吾家倏贫,竟负元约。既不得复嫁,遂卖身为此州费录曹妾。"	洪迈:《夷坚志》乙志卷20《蜀州女子》,中华书局2006年版,第360页
买妾	购买者:赵和尚(直龙图阁,隶川陕宣抚司)	赵和尚"时已年六十余矣,不复娶,唯买妾二十人。"	洪迈:《夷坚志》丙志卷4《赵和尚》,中华书局2006年版,第396页
买妾	买者:朝士	"关子东说,其兄博士演在京师,见妇人丐于市,衣敝体垢,无两足,但以手行,而容貌绝冶。有朝士见而悦之,驻马问曰:'汝有父母乎?'曰:'无。''有姻戚乎?'曰:'无。''能缝妊乎?'曰:'颇亦能之。'朝士曰:'与其行乞栖栖,孰若为人妾?'敛眉叹曰:'形骸若此,不能自料理。若为婢子,则役于人者也,安能使人为己役乎?且谁肯用之?'士归语其妻,妻亦恻然。取致其家,为之沐浴更衣,调视其饮食,授以针指,敏捷工致,一家怜爱焉,士亦稍与之昵。"	洪迈:《夷坚志》丙志卷8《无足妇人》,中华书局2006年版,第428页
买侍婢	买者:耿愚医官	"大观中,京师医官耿愚买一侍婢,丽而黠。"	洪迈:《夷坚志》丙志卷8《耿愚侍婢》,中华书局2006年版,第435页
买妾	买者:虞孟文	"衢州龙游人虞孟文,以钱十四万买妾,颇有姿伎,蒙专房之爱。"	洪迈:《夷坚志》丙志卷15《虞孟文妾》,中华书局2006年版,第491页

类型	买/卖者身份	具体情况	史料来源
买妾	买者：王某 朝士	"靖康二年春，都城不守，虏指取官吏军民无虚日，宗室妇女倡优多不免。朝士王某家早启关，二妇人坐于外，径趋入中堂泣拜曰：'妾等已发至军前，窜身得归，今不敢还故居，愿为公家婢以脱命。'二人皆美色，王纳之。"	洪迈：《夷坚志》丙志卷16《王氏二妾》，中华书局2006年版，第502页
因骗被卖与人为妾	买者：西安宰西安县令	王从事妻被骗，牙人卖其于西安县令为妾。"盖昔年将徙舍之夕，奸人窃闻之，遂诈舆至女俭家而货于宰，得钱三十万，宰以为侧室。"	洪迈：《夷坚志》丁志卷11《王从事妻》，中华书局2006年版，第631页
买妾	买者：童贯门客的高荷	元祐中为太学生、晚为童贯客的高荷，"世居荆渚，多赀而喜客。尝捐钱数十万买美妾，置诸别圃，作竹楼居之，名曰'玉真道人'"	洪迈：《夷坚志》丁志卷16《玉真道人》，中华书局2006年版，第675页
买妾	买者：童括朝请郎，知雷州	"伯虞者，朝请郎童括……绍熙壬子满秩，吏部差知雷州，客都城待班陛对，买二少妾，滞留颇久。"	洪迈：《夷坚志》支甲卷6《赵岳州》，中华书局2006年版，第758页
买妾	买者：阎黻，官员之孙	阎黻"先娶严陵余氏女，经数岁，仳离之而蓄妾，每数月无娠孕，即逐去。"	洪迈：《夷坚志》支乙卷6《阎义方家雷》，中华书局2006年版，第837页
卖女为人妾	买者：赵主簿湘阴主簿 卖者：贫民某人	"潭州贫民某人，无夫，挟二女改嫁。稍长，悉售之为人妾，次者入湘阴赵主簿家，岁满不得归。"	洪迈：《夷坚志》支乙卷10《赵主簿妾》，第869页

类型	买/卖者身份	具体情况	史料来源
买妾	买者：汤衡某州教授	"汤衡平甫，临安人。登进士第，待某州教授阙……汤后至都城买一妾，颇有色艺，悉取故妻箱箧首饰付之。"	洪迈：《夷坚志》支景卷5《汤教授妾》，中华书局2006年版，第918页
买妾	买者：蜀人安自牧	"蜀人安自牧，丧妻之后，买妾曰柔奴，付以闺政。恃主人宠嬖，恣横颇甚。"	洪迈：《夷坚志》支丁卷2《安妾柔奴》，中华书局2006年版，第978页
买妾	买者：范斗南某州教授	"范斗南，字一卿，瓯宁人。淳熙二年登第，待次某州教授。买一妾，宠之。"	洪迈：《夷坚志》支丁卷8《范斗南妾》，中华书局2006年版，第1 029页
买妾	买者：染肆（商人）	"郡为（李妙）落籍，许自便。后鬻于染肆为妾。"	洪迈：《夷坚志》支戊卷3《池州白衣男子》，中华书局2006年版，第1 071页
卖妻为人妾	买者：富人	"临川王氏支派，有散居芜湖者，生计赡足。其一无嗣而亡，有女及嫁，而心识不惠，不可外适。访得族姑嫁刘知县者，蛰寓鄱阳，子未娶，年时相侔，且故为中表，其母遣媒币往来平章之。既成婚，赘刘子于家，所挟奁具甚厚。姑率累继往，王氏月给钱米以奉之。女虽不谙晓人事，而凭仗婢媵，晨昏定省，亦于礼无违。居之三年，刘之家赀在饶者为恶婿所荡，至售其妻为人侍妾。"	洪迈：《夷坚志》支戊卷10《芜湖王氏痴女》，中华书局2006年版，第1 131页
买妾	买者：司农王丞族弟	"司农王丞族弟，淳熙中买一妾，立券时，父母先约不可令近水火。"	洪迈：《夷坚志》支庚卷4《王氏婢》，中华书局2006年版，第1 164页

类型	买/卖者身份	具体情况	史料来源
买妾	买者：兴元统制潘璋	兴元统制潘璋，在临安时买一妾，携入汉中	洪迈：《夷坚志》支庚卷6《潘统制妾》，中华书局2006年版，第1 179页
买妾	买者：周介卿之子	"湖州吴秀才女，慧而能诗词，貌美家贫，为富民子所据……周介卿石之子买以为妾，名曰淑姬。"	洪迈：《夷坚志》支庚卷10《吴淑姬严蕊》，中华书局2006年版，第1 216-1 217页
卖女	买者：宗室	"李妹者，长安女倡也。家甚贫，年未笄，母以售于宗室四王宫，为同州节度之妾，才得钱十万。"	洪迈：《夷坚志》三志巳卷1《长安李妹》，中华书局2006年版，第1 309-1 310页
买妾	买者：江东副总管张渊	"观察使张渊，绍兴中为江东副总管，居建康。每以高价往都城买佳妾，列屋二十人，而御之甚严，小过必挞。"	洪迈：《夷坚志》三志辛卷1《张渊侍妾》，中华书局2006年版，第1 391页
卖女	买者：监榷货务舒从义	"父有小可名目，为舒省干以厚嫁买来。"	洪迈：《夷坚志》三志辛卷7《舒榷货妾》第1 434页
卖女	买者：富商	"因某事负官钱若干，吏督迫。不偿且获罪，环视吾家，无所从出。谋于妻，以笄女鬻商人，得钱四十万。"	洪迈：《夷坚志》补卷3《曾鲁公》，中华书局2006年版，第1 566页
买妾	买者：富商子	开化弓手言："尉逸一妾，遣迹捕盗，知其在豪子家，为他郡牙侩转贴数十千，欲办取赎，尚欠钱三万，家素穷空，无由足其数，而子侄婿皆充役，若徒步归报，必遭谴怒，计无所出，宁以身就死，庶不贻家祸也。"	洪迈：《夷坚志》补卷3《高南寿捕盗》，中华书局2006年版，第1 570-1 571页

类型	买/卖者身份	具体情况	史料来源
买妾	买者：台州司法叶荐	"台州司法叶荐妻，天性残妒，婢妾稍似人者，必痛挞之，或至于死，叶莫能制。尝以诚告之曰：'吾年且六十，岂复求声色之奉，但老而无子，只欲买一妾为嗣续计，可乎？'妻曰：'更以数年为期，恐吾自有子。'至期，不得已勉徇其请。"	洪迈：《夷坚志》补卷6《叶司法妻》，中华书局2006年版，1 608页
买妾	买者：郑主簿；前衡州通判孙朝请	"（孙朝请）尝以黄昏时邀郑（主簿）小饮，语之曰：'此来欲买两妾，正以干扣小累，未敢辄为。今虽以冒除书，然自度出入里陌亦不便。恰闻吴知合宅同出三人，只在近处牙侩家，欲乘夜往观之，吾友能同此行否？'郑欣然承命，即俱出到侩处。其一少艾有乐艺，而价才八十千，其二差不及，而为钱皆四五十万，扣其故，曰：'少者受雇垂满，但可补半年，故价值不多。彼二人则在吴宅未久，当立三年券，今须评品议直耳。'孙于是以六百千并买之。郑以八十千不多，且又美色，姑欲如其说。候相处及期，别与为市。探囊取楮币付侩，而怀吴氏券与妾归。孙以万钱为定，候明成约，竟得之，皆喜其圆就之速，更置酒款昵，几如姻旧。"	洪迈：《夷坚志》补卷8《郑主簿》，中华书局2006年版，第1 620页
宗室女受骗被卖为人妾	买者：某家	"（真珠族姬）先遭奸污，然后售于某家为之妾，主人以色见宠。同列皆妒嫉，因同浴窥见瘢痕，语主人云，我为女时，尝与人奸受杖矣。主人元知我行止，至是乃曰：'若果近上宗室女，何由犯官刑！'遂相弃，还付元牙侩家，犹念旧爱，不督余雇直。侩家既先得金多，且畏终败露，不敢再鬻，故乘未晚送于野，亦幸不死耳。"	洪迈：《夷坚志》补卷8《真珠族姬》，中华书局2006年版，第1 624页

类型	买/卖者身份	具体情况	史料来源
买妾	买者：主管四川茶马朱景之子朱逊	"朱景先铨，淳熙丙申，主管四川茶马。男逊，买成都张氏女为妾，曰福娘。明年，娶于范氏，以新婚不欲留妾，妾已娠，不肯去，强遣之。又明年，朱被召，以十月旦离成都，福娘欲随东归，不果。"	洪迈：《夷坚志》补卷10《朱天赐》，中华书局2006年版，第1640-1641页
买妾	买者：某人	"绍兴二十九年，建州政和县人往莆田买一处子，初云以为妾。既得，为汤沐涂膏泽，鲜衣艳装，置诸别室，不敢犯。在途旬日，饮食供承，反若事主。"	洪迈：《夷坚志》补卷14《莆田处子》，中华书局2006年版，第1683-1684页
买妾	买者：富人周生	"隆兴府樵舍镇富人周生，颇能捐货财以歌酒自娱乐。绍兴四年六月，有经过路歧老父，自言为王七公，挟一女曰千一姐来展谒。女容色美丽，善鼓琴弈棋，书大字，画梅竹。命之歌词，妙合音律。周悦其貌，且兼负技艺过绝人。谓其老"老"下似脱"父"字。云：'我自有妻室，能降意为侧室乎？'对曰：'女子年二十二岁，更无他眷属，如君家欲得备使令，老身之幸也。'周谢其听许，议酬以官券千缗，老父曰：'本不较此，但得吾女有所归，足矣！'呼牙侩立契约，即留女而受券去，明日告别。"	洪迈：《夷坚志》补卷22《王千一姐》，中华书局2006年版，1754页
卖妻	买者：吕元五卖者：叶四	一位叫叶四的人，由于家贫，不能供养其妻子阿邵，于是"自写立休书、钱领及画手模，将阿邵嫁与吕元五"，然而吕元五父子并没有按约全部付款，"共交去官会三百贯，尚有未尽会二百贯寄留叶万六家"。双方因此而闹上公堂，最后法官判定"叶四、吕元五皆不得妻，阿邵断讫，责付牙家别与召嫁"	中国社会科学院历史研究所宋辽金元史研究室：《名公书判清明集》卷9《婚嫁皆违条法》，中华书局1987年版，第352页

类型	买/卖者身份	具体情况	史料来源
卖妻、卖女	买者：翁七七之子、李三九 卖者：吴千二、吴重武	吴重五家贫，其女阿吴，先是被吴千二掠为妻，后吴千二借口"同姓不婚"，又将之卖与翁七七之子。接着生父吴重五又将其夺回家，三卖于李三九为妻。被人诱卖、被夫卖、被父卖三种不幸都集于此女身上，而法官并没有治他们卖女卖妻之罪，最后在判词中要求"阿吴责还李三九交领。吴千一、吴千二、吴重五犯在赦前，且与免断，引监三名备元受钱、会，交还翁七七。"	中国社会科学院历史研究所宋辽金元史研究室：《名公书判清明集》卷9《婚嫁皆违条法》，中华书局1987年版，第349页
典妻	典卖者：官宦子弟吴子晦 典买者：陈季渊	"丞相秀国陈公，先朝实与郑国公富公并相，五传而至其孙思永，去先世盖未甚远也。思永之女嫁与吴子晦为妻，亦是宦家之后。不能自立，家道扫地，与其妻寄寓与陈季渊之家，……详其初欲雇之时，始则招吴子晦饮酒，诱致先留陈氏在其家一夕，次日方令立契。"	中国社会科学院历史研究所宋辽金元史研究室：《名公书判清明集》卷10《官族雇妻》，中华书局1987年版，第382-383页
雇妻	被卖者：贫困百姓	宋初受战争影响，"市井萧条，民益困乏，禁锢科责，没其赀产，犹不能偿，至有雇妻卖子者"	李焘：《续资治通鉴长编》卷22，太平兴国六年十二月壬辰，中华书局2004年版，第508页
雇妻	被卖者：贫苦百姓	王安石推行青苗法后，百姓负担加重，"至卖田宅雇妻女……不可胜数"。	李焘：《续资治通鉴长编》卷384，哲宗元祐元年八月己丑，中华书局2004年版，9360.
雇妾	被卖者：贫民 买者：赵主薄	潭州贫民某人两个女儿"悉售之为人妾"，然而"岁满不得归"，其母不得不"经官取之"	洪迈：《夷坚志》支乙卷19《赵主簿妾》，中华书局2006年版，第869页

类型	买/卖者身份	具体情况	史料来源
雇妾	买者：士人朱邦礼 卖者：平民张二姐	士人朱邦礼"买少婢曰张二姐"，又说到"顾限已满，告辞而去"	洪迈：《夷坚志》支丁卷9《张二姐》，中华书局，1981年，第1 041页
贴夫（雇妻）		"两浙妇人皆事服饰口腹，而耻为营生，故小民之家，不能供其费者，皆纵其私通，谓之贴夫。"	庄绰：《鸡肋编》卷中，"宋元笔记小说大观"本（第4册），上海古籍出版社2001年版，第733页
雇妻		"河中市人刘庠，娶郑氏女，以色称。庠不能治生，贫悴落魄，唯日从其侣饮酒……郑曰：'数月以来，每至更深，必有一少年来，自称五郎君，与我寝处，诸物皆其所与，不敢隐也。'庠意虽忿忿，然久困于穷，冀以小康，亦不之责。"	洪迈：《夷坚志》支甲志卷1《五郎君》，中华书局2006年版，第717页
雇妻	陕西	"有陕民值凶荒，母、妻之别地受佣。民居家耕种自给，逾月一往省母。外日，省母少俟，其妻出，让其夫曰：'我与尔母在此，乃不为意，略不相顾乎？'民与妻相诟责不已。民曰：'尔拙于为生，受佣于人，乃复怨我。'妻曰：'谁不为佣耶？'民意妻讥其母，怒以犁柄击妻，一中而死。'"	范公称：《过庭录.明法者治命案》，中华书局2002年版，第341-342页
质妻	岭南	"岭南民有通赋者，县吏或为代输，或于兼并之家假贷，则皆纳其妻女以为质。知容州毋守素表其事，甲申，诏所在严禁之。"	李焘：《续资治通鉴长编》卷13，开保五年三月乙亥，中华书局2004年版，第282页

类型	买/卖者身份	具体情况	史料来源
质妻	浙西	"浙西科敛之害，农末殆不聊生。鬻田而偿，则无受者；弃之而遁，则质其妻孥。上下相蒙，民无所措手足。利归贪吏，而怨归陛下。愿重科敛之罪，严贪墨之刑。"	脱脱：《宋史》卷174，中华书局1985年版，第4 214页
贴妻		"僧讼一民负钱至数百缗，君疑之，问民妻安在，曰：'近鬻于人矣。'即诘僧曰：'此人甚婺，何屡贷之？汝必私其妻，妻鬻，故讼尔。'僧诎。"	楼钥：《楼钥集》卷120《朝请大夫史君墓志铭》，浙江古籍出版2010年版，第1934页
雇妻		（张）齐贤又言："巡内州军县镇官地棚房钱轻重不等，盖伪命日，有军营人众且用铁钱易得。自收复后，诸军皆送阙下，又改纳铜钱。市井萧条，民益困乏，禁锢科责，没其赀产，犹不能偿，至有雇妻卖子者。"	李焘：《续资治通鉴长编》卷22，太平兴国六年十二月壬辰，中华书局2004年版，第508页
鬻女	京师	曾宣靖鲁公，布衣时游京师，舍于市。夜闻邻人泣声甚悲，朝过而问焉，曰："君家有丧乎？何悲泣如此！"……其人左右盼视，欷歔久之，曰："仆不能讳，顷者因某事负官钱若干，吏督迫，不偿且获罪，环视吾家，无所从出。谋于妻，以笄女鬻商人，得钱四十万，今行有日矣！与父母诀而不忍焉，是以悲耳！"	洪迈：《夷坚志》补卷3《曾鲁公》，中华书局2006年版，第1 566页
质妻	广州	（马亮）以右谏议大夫知广州。时宜州陈进初平，而澄海兵从进反者家属二百余人，法当配隶，亮悉置不问。盐户逋课，质其妻子于富室，悉取以还其家。	脱脱：《宋史》卷298《马亮传》，中华书局1985年版，第9 916页
评取妇女	开封	"（吴）奎达于从政，应事敏捷，吏不敢欺。富人孙氏幸权财利，负其息者，至评取物产及妇女。"	脱脱：《宋史》卷316《吴奎传》，中华书局1985年版，第10 320页

类型	买/卖者身份	具体情况	史料来源
质妻	山阴	熙宁三年，（陈舜俞）以屯田员外郎知山阴县，诏俟代还试馆职。舜俞辞曰："爵禄名器……朝廷募民贷取，有司约中熟为价，而必偿缗钱，欲如私家杂偿他物不可得，故愚民多至卖田宅、质妻孥。"	脱脱：《宋史》卷331《陈舜俞传》，中华书局1985年版，第10 663-10 664页
雇妻		"（景祐元年润六月）辛巳，诏比因饥馑，民有雇鬻妻子及遗弃幼稚而为人收养者，并听从便。"	李焘：《续资治通鉴长编》卷114，景祐元年润六月，中华书局2004年版，第2 682页
质妻		"（熙宁七年四月甲戌）监安上门、光州司法参军郑侠言……臣又见南征北伐，皆以其胜捷之势，山川之形，为图而来，料无一人以天下忧苦，质妻卖女，父子不保，迁移逃走，困顿蓝缕，拆屋伐桑，争货于市，输官籴米，遑遑不给之状，为图而献。"	李焘：《续资治通鉴长编》卷252，熙宁七年四月甲戌，中华书局2004年版，第6 147页
雇女	海南	（元丰三年十二月庚申）朱初平又言："海南多贫阙，举贷于豪富之家，其息每岁加倍，展转增益，遂致抑雇儿女，脱身无期。乞严诫官司觉察。"	李焘：《续资治通鉴长编》卷310，元丰三年十二月庚申，中华书局2004年版，第7 522页
雇妻		"（元祐元年八月乙丑）录黄过中书省，舍人苏轼奏曰：……二十年间，因欠青苗至卖田宅、雇妻女、投水自缢者，不可胜数，朝廷忍复行之欤？"	李焘：《续资治通鉴长编》卷384，元祐元年八月乙丑，中华书局2004年版，第9 349页

类型	买/卖者身份	具体情况	史料来源
质妻	开封	(元祐七年七月庚戌)有大臣上奏,嘉祐中,张方平为三司使,上论京师军储云:"今之京师,古所谓陈留,四通八达之地,……又臣到任未几,而所断粮纲欠折干系人,徒流不可胜数。衣粮罄于折会,船车尽于折卖,质妻鬻子,饥瘦伶俜,聚为乞丐,散为盗贼。"	李焘:《续资治通鉴长编》卷475,元祐七年七月庚戌,中华书局2004年版,第11 326页
质妻	陕西、河北、京东诸路	(元符二年六月乙亥)右正言邹浩奏:"伏见诸路监司,率以本路雨泽霑足,秋成有望,奏闻朝廷。然天道高远,难以预知,若后来雨泽过多,或时雨不继,为水为旱,决不可逃。缘监司既尝奏陈,不惟本司务掩前言,兼所属州县,互相观望,虽行检放,亦非实数。甚者公然抑勒,不令申诉灾伤,民间窘无所出,重以威势督之,遂至质卖妻孥,委弃父母,转徙沟壑,无以自存,为害甚大,不可不察。"	李焘:《续资治通鉴长编》卷511,元符二年六月乙亥,中华书局2004年版,第12171页
鬻女	婺源	"尝有一士族女年甫龆龀,家贫母病,父为牙侩所欺,鬻之倡家。闻者不平而莫能谁何,君独愤然,呼倡、侩许偿直还女。倡阳诺,而实谋挟之以遁。君廉知之,亟诉诸官,未决。倡与侩谋伪契,增其直累数倍,觊君惮费而止。君喜女得还,不复斥其伪,即谋所以酬之。"	程洵三:《滕府君行狀》,《全宋文》第259册,上海辞书出版社2006年版,第245页
蓄妾	鄱阳	"阎义方家雷汴人阎义方随父官于鄱阳,因买宅以居。义方死,其子黻习行五雷术,而为人儇薄,少诚敬。先娶严陵余氏女,经数岁,忕离之而蓄妾,每数月无娠孕,即逐去。前后七八人,日夜耽着酒色,不复于法箓介意。"	洪迈:《夷坚志》支乙卷6《阎羲方家雷》,中华书局2006年版,第837页

类型	买/卖者身份	具体情况	史料来源
卖妻	鄱阳	"临川王氏支派，有散居芜湖者，生计赡足。其一无嗣而亡，有女及嫁，而心识不惠，不可外适。访得族姑嫁刘知县者，蝥寓鄱阳，子未娶，年时相侔，且故为中表，其母遣媒币往来平章之。既成婚，赘刘子于家，所挟奁具甚厚。姑率累继往，王氏月给钱米以奉之。女虽不谙晓人事，而凭仗婢媵，晨昏定省，亦于礼无违。居之三年，刘之家贯在饶者为恶婿所荡，至售其妻为人侍妾。刘母因求还整葺生涯，且营钱赎厥女。刘子留连浸久，不复有东下意。"	洪迈：《夷坚志》支戊卷 10《芜湖王氏痴女》，中华书局 2006 年版，第 1 131 页
雇妾	临安	"近得炳如亲书与其妾银花一纸，为之骇然，漫书于此，云："庆元庚申正月，余尚在翰苑，初五日成得何氏女……遂名之曰银花……银花专心供应汤药，收拾缄护，检视早晚点心，二膳亦多自烹饪，妙于调脯。缝补、浆洗、烘焙替换衣服，时其寒暖之节，夜亦如之。"	周密：《癸辛杂识》别集下《银花》，中华书局 1988 年版，第 272-274 页
雇婢	杭州	方回字万里，号虚谷，徽人也。其父南游，殂于广中，回，广婢所生，故其命名及字如此。魏明己遇为守，爱而异遇之。忽与倡家有讼，遂俱至于庭，魏见之甚骇，而方力求自直，魏为主张而敬则衰矣……	周密：《癸辛杂识》别集上《方回》，中华书局 1988 年版，第 249 页
借妾	临安	"陈了翁之父尚书与潘良贵之父义荣，情好甚密。潘一日谓陈曰：'我二人官职年齿，种种相似，独有一事不如公，甚以为恨。'陈问之，潘曰：'公有三子，我乃无之。'陈曰：'吾有一婢，已生子矣，当以奉借。他日生子即见还。'即而遣至，即了翁之母也。未几生良贵，后其母遂来往潘陈两家焉。"	潘永因：《宋稗类钞》卷 1《遭际》，书目文献出版社 1985 年版，第 72 页

类型	买/卖者身份	具体情况	史料来源
质妻	容州	"玄喆与廷珪谋，所经州县尽焚其储蓄。及全斌等入成都，行营都监王仁赡案籍诘所在军须，廷珪惧，以告马军都监康延泽。延泽曰：'王公志在声色，苟得其所欲，则置而不问矣。'廷珪素俭约，不畜妓乐，遂求于姻戚家，得女妓四人，复假贷金帛直数百万以遗仁赡，繇是获免。归阙，为右千牛卫上将军。乾德五年，卒。"	脱脱：《宋史》卷479，中华书局1985年版，第13 889页
卖女为人妾	潭州	"潭州贫民某人，无夫。挟二女改嫁。稍长，悉售之为人妾，次者入湘阴赵主簿家，岁满不得归。"	洪迈：《夷坚志》支乙卷10《赵主簿妾》，中华书局2006年版，第869页
买妾	清河	"浙西人郑主簿赴调，馆于清河。旅舍。继有前衡州通判孙朝请者，宣城人，来同邸，郑居楼上，孙居下，晨夕数相会。……尝以黄昏时邀郑小饮，语之曰：'此来欲买两妾，正以干扣小累，未敢辄为。今虽以冒除书，然自度出入里陌亦不便。恰闻吴知合宅同出三人，只在近处牙侩家，欲乘夜往观之，吾友能同此行否？'郑欣然承命，即俱出到侩处。其一少艾有乐艺，而价才八十千，·其二差不及，而为钱皆四五十万，扣其故，曰：'少者受雇垂满，但可补半年，故价值不多。彼二人则在吴宅未久，当立三年券，今须评品议直耳。'孙于是以六百千并买之。郑以八十千不多，且又美色，姑欲如其说。候相处及期，别与为市。探囊取楮币付侩，而怀吴氏券与妾归。孙以万钱位定，候明成约，竟得之。"	洪迈：《夷坚志》补卷8《郑主簿》，中华书局2006年版，第1 620页

类型	买/卖者身份	具体情况	史料来源
买妾		仁宗时，开封一个姓李的富人家，虽"主人方才二十岁，并无昆弟，家妾曳罗绮者数十人"	彭乘：《墨客挥犀》卷8《钱痴》，中华书局2002年版，第371页
买妾		南宋钟士显的岳父林氏，"富人也，用千缗买美妾"	洪迈：《夷坚志》乙志卷16《张抚干》，中华书局2006年版，第322页
买妾		冯京的父亲冯高，"状岁无，……其妻（富弼女）授以白金数笏……及京师买一妾"	罗大经：《鹤林玉露》乙编卷4，《冯三元》，"宋元笔记小说大观"本（第5册），上海古籍出版社2001年版，第5 284页
买妾		京师医师能太丞，因其"艺术显行，致家资巨万，晚岁于城外买名园，蓄姬妾十辈"	洪迈：《夷坚志》：乙志卷9《金刚不坏身》，中华书局2006年版，第259页
买妾		北宋初年王小波、李顺起义失败后，朝廷禁止入蜀赴任的官员自带家属，他们只能就地买妾照料日常生活。后张咏赴任当地，属下官员"惮张之严峻，莫敢蓄婢使者"。张咏得知后，为了"不绝人情"，公开买了一妾，属官们才开始放心买妾	魏泰：《东轩笔录》卷10，中华书局1983年版，第110页
买妾		韩侂胄曾有一爱姬，因犯小错误被休，钱塘知县程松闻听说了这件事后，"亟赂牙侩，以八百千市之"，紧接着就送给了上司韩侂胄，程松也因此而得到了提拔	沈括：《梦溪笔谈校正》卷9，上海古籍出版社1987年版，第350页

参考文献

一、历史文献

［1］班固. 汉书［M］. 北京：中华书局，1962.

［2］宋伯仁. 雪巖吟草［M］//纪昀，永瑢. 景印文渊阁四库全书. 台北：台湾商务印书馆，1986.

［3］蔡襄. 端明集［M］//纪昀，永瑢. 景印文渊阁四库全书. 台北：台湾商务印书馆，1986.

［4］蔡襄. 蔡襄集［M］. 上海：上海古籍出版社，1996.

［5］曹寅. 全唐诗［M］//纪昀，永瑢. 景印文渊阁四库全书. 台北：台湾商务印书馆，1986：1423-1431.

［6］陈亮. 陈亮集［M］. 北京：中华书局，1987.

［7］陈元靓. 事林广记［M］. 北京：中华书局，1963.

［8］陈著. 本堂［M］//纪昀，永瑢. 景印文渊阁四库全书. 台北：台湾商务印书馆，1986.

［9］陈邦瞻. 宋史纪事本末［M］. 北京：中华书局，2015.

［10］陈傅良. 止斋文集［M］//纪昀，永瑢. 景印文渊阁四库全

书. 台北：台湾商务印书馆，1986.

［11］陈傅良. 陈傅良先生文集［M］. 杭州：浙江大学出版社，1999.

［12］陈造. 江湖长翁集［M］//纪昀，永瑢. 景印文渊阁四库全书. 台北：台湾商务印书馆，1986.

［13］程颢，程颐. 二程集［M］. 北京：中华书局，2004.

［14］程俱. 北山小集［M］//纪昀，永瑢. 景印文渊阁四库全书. 台北：台湾商务印书馆，1986.

［15］程毅中. 宋元小说家话本集［M］. 山东：齐鲁书社，2000.

［16］窦仪. 宋刑统［M］. 北京：中华书局，1984.

［17］杜佑. 通典［M］. 北京：中华书局，1988.

［18］杜大珪. 名臣碑传琬琰集［M］//纪昀，永瑢. 景印文渊阁四库全书. 台北：台湾商务印书馆，1986.

［19］范晔. 后汉书［M］//纪昀，永瑢. 景印文渊阁四库全书. 台北：台湾商务印书馆，1986.

［20］范浚. 范浚集［M］. 杭州：浙江估计出版社，2015.

［21］范成大. 桂海虞衡志（蛮志）［M］. 中华书局编辑部. 范成大笔记六种. 北京：中华书局，2002.

［22］范仲淹. 范文正公别集［M］//纪昀，永瑢. 景印文渊阁四库全书. 台北：台湾商务印书馆，1986.

［23］范仲淹. 范文正公文集［M］. 台北：新文丰出版公司，1985.

［24］赵彦卫. 云麓漫钞［M］. 北京：中华书局，1996.

［25］顾炎武. 日知录［M］//纪昀，永瑢. 景印文渊阁四库全书. 台北：台湾商务印书馆，1986.

［26］龚明之. 中吴纪闻［M］//上海古籍出版社. 宋元笔记小说大观. 上海：上海古籍出版社，2001.

［27］韩琦. 安阳集［M］//纪昀，永瑢. 景印文渊阁四库全书. 台北：台湾商务印书馆，1986.

［28］韩元吉. 南涧甲乙稿［M］. 中华书局编辑部. 丛书集成初编. 北京：中华书局，1985：459.

［29］胡宿. 文恭集［M］//纪昀，永瑢. 景印文渊阁四库全书. 台北：台湾商务印书馆，1986.

［30］胡寅. 斐然集［M］//纪昀，永瑢. 景印文渊阁四库全书. 台北：台湾商务印书馆，1986.

［31］洪迈. 夷坚志［M］. 北京：中华书局，1981.

［32］洪迈. 容斋随笔［M］. 北京：中华书局，2005.

［33］洪皓. 松漠纪闻［M］//上海古籍出版社. 宋元笔记小说大观. 上海：上海古籍出版社，2001.

［34］黄淮，杨士奇. 历代名臣奏议［M］. 景印文渊阁四库全书. 台北：台湾商务印书馆，1986.

［35］居简. 北磵文集［M］//纪昀，永瑢. 景印文渊阁四库全书. 台北：台湾商务印书馆，1986.

［36］孔齐. 至正直记［M］//上海古籍出版社. 宋元笔记小说大观. 上海：上海古籍出版社，2001.

［37］刘斧. 青琐高议［M］//上海古籍出版社. 宋元笔记小说大观. 上海：上海古籍出版社，2001.

［38］刘肃. 唐新语［M］//纪昀，永瑢. 景印文渊阁四库全书. 台北：台湾商务印书馆，1986.

[39] 刘俊文. 唐律疏议笺解 [M]. 北京：中华书局，1996.

[40] 刘敞. 彭城集 [M] // 纪昀，永瑢. 景印文渊阁四库全书. 台北：台湾商务印书馆，1986.

[41] 刘挚. 忠肃集 [M] // 纪昀，永瑢. 景印文渊阁四库全书. 台北：台湾商务印书馆，1986.

[42] 刘昫. 旧唐书 [M]. 北京：中华书局，1975.

[43] 李焘. 续资治通鉴长编 [M]. 北京：中华书局，2004.

[44] 李心传. 建炎以来朝野杂记 [M]. 北京：中华书局，2000.

[45] 彭乘. 墨客挥犀 [M]. 北京：中华书局，2002.

[46] 李觏. 王国轩点校. 李觏集 [M]. 北京：中华书局，1981.

[47] 毛昌善. 吴川县志 [M]. 光绪十四年刻本.

[48] 李肇. 唐国史补 [M] // 纪昀，永瑢. 景印文渊阁四库全书. 台北：台湾商务印书馆，1986.

[49] 李延寿. 南史 [M] // 纪昀，永瑢. 景印文渊阁四库全书. 台北：台湾商务印书馆，1986.

[50] 梁克家.（淳熙）三山志 [M] // 中华书局编辑部. 宋元方志丛刊. 北京：中华书局，1990.

[51] 廖刚. 高峰文集 [M] // 纪昀，永瑢. 景印文渊阁四库全书. 台北：台湾商务印书馆，1986.

[52] 卢学溥纂. 乌青镇志 [M]. 民国二十五年刻本影印本.

[53] 黎靖德. 朱子语类 [M] // 纪昀，永瑢. 景印文渊阁四库全书. 台北：台湾商务印书馆，1986.

[54] 林季仲. 竹轩杂着 [M] // 纪昀，永瑢. 景印文渊阁四库全书. 台北：台湾商务印书馆，1986.

［55］罗大经. 鹤林玉露［M］//上海古籍出版社. 宋元笔记小说大观. 上海：上海古籍出版社，2001.

［56］罗愿. 新安志［M］//中华书局编辑部. 宋元方志丛书. 北京：中华书局，1990.

［57］陆游. 老学庵笔记［M］//纪昀，永瑢. 景印文渊阁四库全书. 台北：台湾商务印书馆，1986.

［58］陆游. 渭南文集［M］//纪昀，永瑢. 景印文渊阁四库全书. 台北：台湾商务印书馆，1986.

［59］陆游. 剑南诗稿［M］. 上海：上海古籍出版社，1985.

［60］吕祖谦. 宋文鉴［M］. 北京：中华书局，1992.

［61］龙衮. 江南野史［M］. 郑州：大象出版社，2019.

［62］楼钥. 楼钥集［M］. 杭州：浙江古籍出版社，2010.

［63］孟元老. 东京梦华录笺注［M］. 北京：中华书局，2007.

［64］马端临. 文献通考［M］. 北京：中华书局，2011.

［65］梅尧臣. 梅尧臣集编年校注［M］. 上海：上海古籍出版社，2006.

［66］欧阳修，宋祁. 新唐书［M］. 北京：中华书局，1975.

［67］欧阳修. 新五代史［M］. 北京：中华书局，1974.

［68］潜说友. （咸淳）临安志［M］//中华书局编辑部. 宋元方志丛刊. 北京：中华书局，1990.

［69］司马光. 资治通鉴［M］. 北京：中华书局，1956.

［70］司马光. 书仪［M］//纪昀，永瑢. 景印文渊阁四库全书. 台北：台湾商务印书馆，1986.

［71］司马光. 涑水记闻［M］//纪昀，永瑢. 景印文渊阁四库全

书. 台北：台湾商务印书馆，1986.

[72] 释惠洪. 石门文字禅 [M] //纪昀，永瑢. 景印文渊阁四库全书. 台北：台湾商务印书馆，1986.

[73] 丁传靖. 宋人轶事汇编 [M]. 北京：中华书局，2003.

[74] 宋濂. 元史 [M]. 北京：中华书局，1976.

[75] 宋敏求. 长安志 [M] //中华书局编辑部. 宋元方志丛刊. 北京：中华书局，1990.

[76] 沈括. 梦溪笔谈校正 [M]. 上海：上海古籍出版社，1987.

[77] 苏辙. 龙川别志 [M]. 北京：中华书局，1982.

[78] 施谔. （淳祐）临安志 [M] //中华书局编辑部. 宋元方志丛刊. 北京：中华书局，1990.

[79] 干宝. 新辑搜神记 [M]. 北京：中华书局，2007.

[80] 陶宗仪. 南村辍耕录 [M] //上海古籍出版社. 宋元笔记小说大观. 上海：上海古籍出版社，2001.

[81] 陶谷. 清异录 [M] //上海古籍出版社. 宋元笔记小说大观. 上海：上海古籍出版社，2001.

[82] 廖莹中. 江行杂录 [M]. 郑州：大象出版社，2019.

[83] 脱脱. 宋史 [M]. 北京：中华书局，1985.

[84] 晁补之. 鸡肋集 [M] //纪昀，永瑢. 景印文渊阁四库全书. 台北：台湾商务印书馆，1986.

[85] 王弼. 周易 [M] //纪昀，永瑢. 景印文渊阁四库全书. 台北：台湾商务印书馆，1986.

[86] 王溥. 唐会要 [M]. 北京：中华书局，1960.

[87] 王令. 广陵集 [M] //纪昀，永瑢. 景印文渊阁四库全书. 台

北：台湾商务印书馆，1986.

[88] 王山. 笔奁录 [M] //纪昀，永瑢. 景印文渊阁四库全书. 台北：台湾商务印书馆，1986.

[89] 王明清. 挥麈录 [M] //上海古籍出版社. 宋元笔记小说大观. 上海：上海古籍出版社，2001.

[90] 严复. 严复集 [M]. 北京：中华书局，1986.

[91] 王迈. 臞轩集 [M]. //纪昀，永瑢. 景印文渊阁四库全书. 台北：台湾商务印书馆，1986.

[92] 王得臣. 麈史 [M]. 郑州：大象出版社，2019.

[93] 王栐. 燕翼诒谋录 [M] //上海古籍出版社. 宋元笔记小说大观. 上海：上海古籍出版社，2007.

[94] 王称. 东都事略 [M] //纪昀，永瑢. 景印文渊阁四库全书. 台北：台湾商务印书馆，1986.

[95] 王楙. 野客丛书 [M] //纪昀，永瑢. 景印文渊阁四库全书. 台北：台湾商务印书馆，1986.

[96] 王明清. 投辖录 [M] //上海古籍出版社. 宋元笔记小说大观. 上海：古籍出版社，2001.

[97] 王之望. 汉宾集 [M] //纪昀，永瑢. 景印文渊阁四库全书. 台北：台湾商务印书馆，1986.

[98] 王珪. 华阳集 [M] //纪昀，永瑢. 景印文渊阁四库全书. 台北：台湾商务印书馆，1986.

[99] 汪应辰. 文定集 [M] //纪昀，永瑢. 景印文渊阁四库全书. 台北：台湾商务印书馆，1986.

[100] 魏泰. 东轩笔录 [M]. 北京：中华书局，1983.

［101］魏了翁. 鹤山全集［M］//纪昀, 永瑢. 景印文渊阁四库全书. 台北：台湾商务印书馆, 1986.

［102］文莹. 湘山野录［M］//上海古籍出版社. 宋元笔记小说大观. 上海：上海古籍出版社, 2001.

［103］文莹. 玉壶清话［M］//上海古籍出版社. 宋元笔记小说大观. 上海：上海古籍出版社, 2001.

［104］吴自牧. 梦粱录［M］. 郑州：大象出版社, 2019.

［105］吴枋. 宜斋野乘［M］. 北京：中华书局, 1985.

［106］辛弃疾. 辛弃疾编年笺注［M］. 北京：中华书局, 2015.

［107］徐松. 宋会要辑稿［M］. 北京：中华书局, 1957.

［108］薛居正. 旧五代史［M］//纪昀, 永瑢. 景印文渊阁四库全书. 台北：台湾商务印书馆, 1986.

［109］杨仲良. 宋通鉴长编纪事本末［M］. 上海：上海古籍出版社, 2002.

［110］杨一凡, 田涛. 中国珍稀法律典籍续编. 庆元条法事类［M］. 哈尔滨：黑龙江人民出版社, 2002.

［111］杨时. 杨龟山先生集［M］//中华书局编辑部. 丛书集成新编. 北京：中华书局, 1994.

［112］佚名. 宣和遗事［M］//纪昀, 永瑢. 景印文渊阁四库全书. 台北：台湾商务印书馆, 1986.

［113］佚名. 两朝纲目备要［M］//纪昀, 永瑢. 景印文渊阁四库全书. 台北：台湾商务印书馆, 1986.

［114］叶适. 习学记言序目［M］. 北京：中华书局, 1977.

［115］叶绍翁. 四朝闻见录［M］//上海古籍出版社. 宋元笔记小

说大观. 上海：上海古籍出版社，2001.

[116] 袁采. 袁氏世范［M］//纪昀，永瑢. 景印文渊阁四库全书. 台北：台湾商务印书馆，1986.

[117] 袁甫. 蒙斋集［M］//纪昀，永瑢. 景印文渊阁四库全书. 台北：台湾商务印书馆，1986.

[118] 徐珂. 清稗类钞［M］. 北京：中华书局，1984.

[119] 郑玄. 礼记注疏［M］//纪昀，永瑢. 景印文渊阁四库全书. 台北：台湾商务印书馆，1986.

[120] 郑樵. 通志二十略［M］. 北京：中华书局，1995.

[121] 郑太和. 郑氏规范［M］. 北京：商务印书馆，1939.

[122] 郑居中. 政和五礼新仪［M］//纪昀，永瑢. 景印文渊阁四库全书. 台北：台湾商务印书馆，1986.

[123] 郑玉道、彭仲刚撰，应俊辑补. 琴堂谕俗编［M］. 郑州：大象出版社，2019.

[124] 曾巩. 元丰类稿［M］//纪昀，永瑢//纪昀，永瑢. 景印文渊阁四库全书. 台北：台湾商务印书馆，1986.

[125] 曾枣庄，刘琳. 全宋文［M］. 上海：上海辞书出版社，2006.

[126] 赵翼. 廿二史札记［M］. 北京：商务印书馆，1987.

[127] 赵鼎. 家训笔录［M］//新文丰出版社编辑部. 丛书集成新编. 台北：新文丰出版公司，1985.

[128] 朱彧. 萍洲可谈［M］//上海古籍出版社. 宋元笔记小说大观. 上海：上海古籍出版社，2001.

[129] 朱熹. 三朝名臣言行录［M］//纪昀，永瑢. 景印文渊阁四

库全书. 台北：台湾商务印书馆，1986.

[130] 朱长文. 吴郡图经度记 [M] //中华书局编辑部. 宋元方志丛刊. 北京：中华书局，1990.

[131] 诸葛忆兵. 宋代科举资料长编 [M]. 南京：凤凰出版社，2017.

[132] 庄绰. 鸡肋编 [M] //上海古籍出版社. 宋元笔记小说大观. 上海：上海古籍出版社，2001.

[133] 周密. 武林旧事 [M]. 杭州：浙江古籍出版社，2015.

[134] 周密. 癸辛杂识 [M]. 北京：中华书局，1988.

[135] 周辉. 清波杂志 [M] //上海古籍出版社. 宋元笔记小说大观. 上海：上海古籍出版社，2001.

[136] 周应合.（景定）建康志 [M] //中华书局编辑部. 宋元方志丛刊. 北京：中华书局，1990.

[137] 张栻. 南轩集 [M] //纪昀，永瑢. 景印文渊阁四库全书. 台北：台湾商务印书馆，1986.

[138] 张端义. 贵耳集 [M] //纪昀，永瑢//纪昀，永瑢. 景印文渊阁四库全书. 台北：台湾商务印书馆，1986.

[139] 张师正. 倦游杂录 [M] //上海古籍出版社. 宋元笔记小说大观. 上海：上海古籍出版社，2001.

[140] 张师正. 括异志 [M] //上海古籍出版社. 宋元笔记小说大观. 北京：中华书局，2001.

[141] 中国社会科学院历史研究所宋辽金元史研究室. 名公书判清明集 [M]. 北京：中华书局，1987.

二、今人论著

[1] 张国刚. 家庭史研究的新视野 [M]. 北京：生活·读书·新知三联书店，2004.

[2] 白凯. 中国的妇女与财产 [M] 上海：上海书店出版社，2007：960-1949.

[3] 陈顾远. 中国婚姻史 [M]. 上海：商务印书馆，1937.

[4] 陈东原. 中国妇女生活史 [M]. 北京：商务印书馆，1937.

[5] 陈鹏. 中国婚姻史稿 [M]. 北京：中华书局，1900.

[6] 陈高华，徐吉军. 中国风俗通史 [M]. 上海：上海文艺出版社，2001.

[7] 邓子琴. 中国风俗史 [M]. 成都：巴蜀书社，1988.

[8] 邓小南. 唐宋女性与社会 [M]. 上海：上海辞书出版社，2003.

[9] 董家遵. 中国古代婚姻史研究 [M]. 广东：广东人民出版社，1995.

[10] 方建新. 中国妇女通史 [M]. 杭州：杭州出版社，2011.

[11] 方如金，方同义，陈国灿. 陈亮与南宋浙东学派研究 [M]. 北京：人民出版社，1996.

[12] 郭松义. 伦理与生活：清代的婚姻关系 [M]. 北京：商务印书馆，2000.

[13] 顾鸣塘，顾鉴塘. 中国历代婚姻与家庭 [M]. 北京：商务印书馆，1996.

[14] 杨一凡，寺田浩明. 日本学者中国法制史论著选宋辽金元卷

［M］.北京：中华书局，2016.

［15］柳立言.宋代的家庭和法律［M］.上海：上海古籍出版社，2008.

［16］柳立言.宋代的宗教、身份与司法［M］.北京：中华书局，2012.

［17］列夫·托尔斯泰.战争与和平（第4册）［M］.董秋斯，译.北京：人民文学出版社，1958.

［18］马之骕.中国的婚俗［M］.台北：纪世书局印行，1985.

［19］毛立平.清代嫁妆研究［M］.北京：中国人民大学出版社，2007.

［20］摩尔根.古代社会［M］.杨东莼，马雍，马巨，译.北京：中央编译出版社，2007.

［21］PATRICIA BUCKLEY EBREY. Women and the Family in Chinese History［M］. Oxfordshire：Taylor & Francis Group，2004.

［22］庞德新.宋代两京市民生活［M］.香港：龙门书局，1974.

［23］漆侠.中国经济通史［M］.北京：经济日报出版社，1999.

［24］钱穆.理学与艺术［M］.台北宋史座谈会.宋史研究集（第7辑）.台北：国立编译馆，1974.

［25］史凤仪.中古古代婚姻与家庭［M］.武汉：湖北人民出版社，1987.

［26］守屋美都雄.中国古代的家族与国家［M］.钱杭，杨晓芬，译.上海：上海古籍出版社，2010.

［27］陶晋生、鲍家麟.北宋的士族妇女［M］.中国妇女史论集（四集），台北：稻香出版社，1995.

[28] 陶晋生. 北宋士族：家庭—婚姻—家庭 [M]. 台北：中央研究院历史语言研究所, 2001.

[29] 陶希圣. 婚姻与家庭 [M]. 上海：上海书店出版社, 1992.

[30] 王曾瑜. 宋朝阶级结构 [M]. 北京：中国人民大学出版社, 2010.

[31] 邢铁. 宋代家庭研究 [M]. 上海：上海人民出版社, 2005.

[32] 杨果. 宋人墓志中的女性形象解读 [J]. 东吴历史学报, 2004 (11): 243-270.

[33] 伊沛霞. 内闱：宋代的婚姻和妇女生活 [M]. 南京：江苏人民出版社, 2004.

[34] 游慧远. 宋代民妇的角色与地位 [M]. 台北：新文丰出版公司, 1998.

[35] 游彪. 宋代特殊群体研究 [M]. 北京：商务印书馆, 2006.

[36] 袁俐. 宋代女性财产权述论 [M]. 台北：稻香出版社, 1991.

[37] 张邦炜. 宋代婚姻家族史论 [M]. 北京：人民出版社, 2003.

[38] 张邦炜. 婚姻与社会（宋代）[M]. 成都：四川人民出版社, 1989.

[39] 张智. 中国风土志丛刊 [C]. 扬州：广陵书局, 2003.

[40] 张国刚. 家庭史研究的新视野 [C]. 北京：生活·读书·新知三联书店, 2004.

[41] 张晓宇. 奁中物：宋代在室女"财产权"之形态与意义 [M]. 南京：江苏教育出版社, 2008.

[42] 张文. 宋朝社会救济 [M]. 重庆：西南师范大学出版社, 2001.

[43] 朱瑞熙. 宋代社会研究 [M]. 郑州：中州书画社，1983.

[44] 朱瑞熙，张邦炜. 辽宋西夏金社会生活史 [M]. 北京：中国社会科学出版社，1998.

[45] 中共中央马克思恩格斯列宁斯大林著作编译局. 马克思恩格斯选集（第四卷）[M]. 北京：人民出版社，1972.

[46] 中国地方志民俗资料汇编（中南卷）[M]. 北京：北京图书馆出版社，1991.

[47] 滋贺秀三郎. 中国家族法原理 [M]. 张建国，李力，译. 北京：法律出版社，2003.

[48] 程民生，白连仲. 论宋代官员、士人经商：兼谈宋代商业观念的变化 [J]. 中州学刊，1993（2）.

[49] 程民生. 宋代婚丧费用考 [J]. 文史哲，2008（5）.

[50] 陈丽萍. 中古时期敦煌地区财婚风气略论 [J]. 兰州：兰州大学出版社，2004（6）：259—268.

[51] 陈国灿，游君彦. 略论宋代的财婚现象 [J]. 探索与争鸣，2014（3）.

[52] 初春英. 浅析宋代的卖女及卖妻现象 [J]. 岱宗学刊，2002（6）.

[53] 东静蕾. 清代岭南地区婚姻论财问题研究 [D]. 桂林：广西师范大学，2008.

[54] 江合友. 财婚风尚与唐代的贫女诗 [J]. 宁夏社会科学，2003（6）：113-114.

[55] 田锋. 近代江南婚嫁论财风气及负面影响 [D]. 福建社会主义学院学报，2001（2）：36-39.

[56] 顾向明. 中古时期的士庶婚姻及"卖婚"习俗 [J]. 民俗研

究，2002（3）：104-111.

[57] 侯春燕. 近代山西婚嫁论财现象的社会文化环境 [J]. 晋阳学刊，2003（4）：78-81.

[58] 方建新. 宋代婚姻论财 [J]. 历史研究，1986（3）：178-190.

[59] 李云根. 宋代福建路的财婚现象 [J]. 莆田学院学报，2012（4）：52-56.

[60] 宋立中. 论明清江南婚嫁论财风尚及其成因 [J]. 江海学刊，2005（2）：140-146.

[61] 宋立中. 婚嫁论财与婚娶离轨：以清代江南为例 [J]. 社会科学战线，2003（6）：133-137.

[62] 宋东侠. 宋代厚嫁述论 [J]. 兰州大学学报，2003（2）：62-66.

[63] 王跃生. 18世纪中国婚姻论财中的买卖性质及其对婚姻的作用 [J]. 中国经济史研究，2001（1）：62-81.

[64] 魏向东. 论魏晋南北朝财婚风气及其影响 [J]. 江苏社会科学，2002（5）：161-165.

[65] 邢铁. 宋代的奁田和墓田 [J]. 中国社会经济史研究，1993（4）：36-41.

[66] 余贵林. 宋代买卖妇女现象初探 [J]. 中国史研究，2000（3）：102-112.

[67] 张本顺. 从宋代婚姻法中财婚制看宋代的近世化转型 [J]. 周口师范学院学报，2011（6）：74-80.